Die AfD fällt immer wieder mit hetzenden, anti-muslimischen und demokratiefeindlichen Aussagen auf. Mit Hate Speech und Geschichtsrevisionismus schafft sie einen Handlungsrahmen, der rassistische Gewalttaten und anti-demokratischen Widerstand legitimiert und als neue Normalität zu etablieren versucht.

Michael Kraske untersucht Reden, Aussagen und Posts von einschlägigen Politikern, Polit-Aktivisten, Prominenten und Trittbrettfahrern, die den Vormarsch rechter Verschwörungstheorien, völkischer Ideologie und anti-demokratischer Überzeugungen belegen. Verachtung und offener Hass gegen Andersdenkende, Ermächtigungsfantasien und unverhohlene Drohungen gehören für sie zum Standardrepertoire. Durch seine genaue Analyse bekannter und unbekannter Tatworte gibt er uns das Rüstzeug, die Grenzverletzer zu stellen und den Diskurs in demokratische Bahnen zu lenken.

MICHAEL KRASKE, Jahrgang 1972, ist Journalist und Autor von Sachbüchern und Romanen. Sein politisches Sachbuch *Der Riss. Wie die Radikalisierung im Osten unser Zusammenleben zerstört* (Ullstein 2020) wurde mit dem Otto-Brenner-Preis Spezial für kritischen Journalismus ausgezeichnet. Als Journalist arbeitet er u. a. für *Spiegel Online, Die Zeit, Tagesspiegel, MDR*.

Von Michael Kraske ist in unserem Hause
bereits erschienen:

Der Riss. Wie die Radikalisierung im Osten unser Zusammenleben zerstört. Ullstein 2020

MICHAEL KRASKE

Tatworte

DENN AFD & CO. MEINEN, WAS SIE SAGEN

Ullstein

Besuchen Sie uns im Internet:
www.ullstein.de

MIX
Papier
FSC® C014496

Originalausgabe im Ullstein Taschenbuch
1. Auflage März 2021

Umschlaggestaltung: Brian Barth, Berlin
Satz: Pinkuin Satz und Datentechnik, Berlin
Gesetzt aus der Slimbach
Druck und Bindearbeiten: GGP Media GmbH, Pößneck
ISBN 978-3-548-06442-0

Inhalt

Von Worten und Taten

Aus Worten werden Taten. Mit jeder Mobilisierung von rechts, nach jedem neuen Terroranschlag wird die Formel im politischen Diskurs reflexhaft bemüht. Nach Heidenau und Chemnitz war das so, nach Halle und Hanau. Aus Worten werden Taten. Wie genau und welche bleibt meistens offen. Die richtige, aber abgenutzte Formel führt jedoch nicht dazu, Radikalisierungsprozesse politisch und gesellschaftlich angemessen zu analysieren und wirkungsvolle Gegenstrategien zu entwickeln. Das öffentliche Entsetzen über Gewalt und rechten Terror verebbt immer schneller. Der mörderische NSU-Terror hat das Land noch erschüttert. Es folgten parlamentarische Untersuchungsausschüsse, ein Mammut-Prozess in München und intensive Berichterstattung in den Medien. Nachdem im Februar 2020 ein Täter in Hanau aus rassistischen Motiven neun Menschen in und vor Shisha-Bars ermordete, bevor er seine Mutter und sich selbst tötete, gingen Politik und Medien schon nach wenigen Tagen ohne intensive Ursachenforschung wieder zur Tagesordnung über. Obwohl oder gerade weil der Terroranschlag und versuchte Massenmord an Juden in Halle durch einen jungen Antisemiten und Rassisten erst wenige Monate zurücklag.

Der Umgang mit verbalen Tabubrüchen sowie radikaler und enthemmter Sprache folgt einem ähnlichen Muster. Mittlerweile hat sich die Gesellschaft angesichts einer systematischen sprachlichen Hemmungslosigkeit der radikalen Rechten daran gewöhnt, dass Politiker wie Alexander Gauland (AfD) den Nationalsozialismus als »Vogelschiss«

verharmlosen oder ankündigen, politische Gegner »jagen« zu wollen. Diese Normalisierung des vormals Unsagbaren hat einen gefährlichen Effekt: Die Gesellschaft stumpft ab und wird unsensibel für Verrohungen. Generell wird öffentlich geäußerte Sprache als Träger von Ideologie und Orientierungshilfe für unser Handeln permanent unterschätzt.

Wie Worte unser Denken und letztlich auch Handeln bestimmen, zeigen zwei Experimente auf eindrucksvolle Weise. Einmal wurden Probanden folgende Sätze vorgelegt: »John wollte das Vogelhaus reparieren. Er schlug auf den Nagel, als sein Vater hinzukam.« Anschließend gab über die Hälfte der Probanden an, das Wort »Hammer« gelesen zu haben – das ja gar nicht im Text vorkam. In einem zweiten Versuch wurden die Teilnehmer in zwei Gruppen eingeteilt. Die erste Gruppe bekam einen Text vorgelegt, in dem Wörter wie »aggressiv« und »unfreundlich« standen. Im Artikel der zweiten Gruppe ging es darum, andere zu »respektieren« und »höflich« zu sein. Nach der Lektüre gab es eine Diskussion – mit einem verblüffenden Ergebnis. Während diejenigen, die etwas über einen freundlichen Umgang gelesen hatten, sich respektvoll an der Debatte beteiligten, ohne andere zu unterbrechen, platzten die anderen unwirsch in die Gespräche, um sich Gehör zu verschaffen. Die Kognitionsforscherin Elisabeth Wehling wertet die Experimente als Beleg dafür, wie eng Worte, Gedanken und Taten miteinander verknüpft sind.[1]

Eine wichtige Erkenntnis der Forschung ist, dass Aussagen nicht isoliert für sich stehen. Jede Aussage aktiviert vielmehr einen bereits vorhandenen Deutungsrahmen, sogenannte *frames*, und liefert ein ganzes Bündel semantischer Vorstellungen. Diese *frames* sind hochgradig selektiv, sie werten und interpretieren sprachliche Inhalte. Und sie beeinflussen, wie wir handeln. Der Begriff »Flüchtlingswelle« weckt beispielsweise das apokalyptische Bild einer Naturkatastrophe und entmenschlicht Individuen. Menschen werden zu einer amorphen, bedrohlichen Masse degradiert. Der angebliche »große Bevölkerungsaustausch« behauptet, dass die einheimische Bevölkerung durch Migranten ersetzt werden soll und schürt auf diese Weise existenzielle Ängste. So werden aus Worten tatsächlich Taten. Besonders mächtig sind Sprachbilder, durch die wir uns die Welt erschließen. Um komplexe Wirklichkeit überhaupt erfassen zu können, greifen wir üblicherweise auf Metaphern zurück, die sich nach und nach in unseren Sprachgebrauch einschleichen und festsetzen, bis sie irgendwann völlig unreflektiert und wie selbstverständlich benutzt werden, siehe »Flüchtlingswelle«. Und damit verbunden auch die dahinterstehenden Ideen und Vorstellungen. Viele davon sind harmlos, einige hingegen toxisch.

Im öffentlichen Diskurs kommt zu kurz, dass politischer Verbalradikalismus kein Zufall ist, sondern von Akteuren bei AfD, Pegida und anderen rechten Gruppierungen als kalkulierte Strategie eingesetzt wird: um die Gesellschaft an rassistische oder rechtsextremistische Ideologie zu gewöhnen und autoritäre, diskriminierende Politik gegen Minderheiten legitim erscheinen zu lassen. Im Alltagsgeschäft ist es gängige Praxis zu vieler Medienwissenschaftler*innen und Journalist*innen geworden, rassistische Aussagen von AfD-Politikern als »Provokation« und »Stöckchen«, über die man nicht springen dürfe, zu verharmlosen, als ob es den Radikalen ausschließlich um Aufmerksamkeit gehe und sie eigentlich gar nicht meinen, was sie sagen. Diese Strategie, Rassismus, Geschichtsrevisionismus und Demokratieverachtung vorauseilend kleinzureden, entlässt die vermeintlichen Provokateure aus der Verantwortung. Ja, wenn Alice Weidel in einer Bundestagsrede von »Kopftuchmädchen« spricht, ist das auch ein populistischer Trick, um maximale Erregung und Aufmerksamkeit zu erzeugen. Aber eben nicht nur. Der ideologische, in diesem Fall rassistische Kern solcher Botschaften muss endlich klar benannt und ernst genommen werden. Wie er wirkt, wem er schadet. Muslim*innen, Jüd*innen, People of Color – Minderheiten berichten davon, permanent einem zunehmend offen ausgelebten Antisemitismus und Alltagsrassismus ausgesetzt zu sein. Diese schleichende Verschärfung des gesellschaftlichen Klimas folgt auch aus Hasssprache und der Mobilisierung von Vorurteilen und Abwertungen jenen gegenüber, die angeblich nicht nach Deutschland gehören. Wir dürfen Rassismus, Häme, Hass und Ermächtigungsfantasien inklusive Gewaltandrohungen nicht mehr als Provokation abtun, sondern sollten den naheliegenden Schluss ziehen: Die meinen, was sie sagen.

Die vergangenen Jahre waren geprägt durch Radikalisierungsprozesse auf verschiedenen Ebenen. Während der sogenannten Flüchtlingskrise explodierte die Gewalt gegen Geflüchtete. Im Jahr 2016 registrierten die Behörden etwa 3500 Angriffe, davon allein etwa 1000 auf deren Unterkünfte.[2] Der Kasseler CDU-Politiker Walter Lübcke wurde als erster Politiker in Deutschland nach dem Zweiten Weltkrieg mutmaßlich von einem Rechtsextremisten ermordet. Es gab die antisemitischen und rassistischen Terroranschläge von Halle und Hanau, darüber hinaus bildeten sich neue terroristische Vereinigungen wie »Revolution Chemnitz«, die darauf zielten, einen Bürgerkrieg zu provozieren und das verhasste demokratische System an einem Tag X abzuschaffen. Der Bielefelder Konfliktforscher Andreas Zick warnt davor, dass sich unterdessen ganz verschiedene gesellschaftliche Milieus politisch radikalisieren, wie sich auch an den Demonstrationen gegen die Corona-Maßnahmen deutlich gezeigt hat.[3] Gewalt als Mittel zur Durchsetzung politischer Interessen erscheint beispielsweise rechtspopulistisch eingestellten Bürgern zunehmend akzeptabel.[4] Wenn jemand bereit ist, Gewalt zu tolerieren, betrifft das aber nicht nur seine Einstellung, sondern auch die Handlungsebene. Spätestens da wird es gefährlich: Seit Jahren nehmen Drohungen und Angriffe auf jene zu, die sich politisch engagieren: als Bürgermeister*innen, Politiker*innen, in Vereinen und Initiativen. Der Bürgermeister von Altena, Andreas Hollstein, wurde aus rassistischen Motiven niedergestochen. Der sächsische SPD-Chef Martin Dulig erhielt per Post eine Gewehr-Attrappe als Warnung. Dieter Spürek, CDU-Bürgermeister von Kerpen in NRW, erklärte nach einer Drohung gegen seine Kinder den Verzicht auf eine erneute Kandidatur. Vielen ergeht es ähnlich, ohne dass ihre Geschichten publik werden. Konfliktforscher Zick warnt vor einer wachsenden Bedrohung durch Personen und Gruppen, die sich durch Emotionalisierung und Ideologisierung radikalisieren: »Wir wissen aus der Forschung, dass eine hoch emotionalisierte ideologische Orientierung eine höhere Wahrscheinlichkeit hat, in Gewalt zu münden, als weniger emotionalisierte Ideologien.«[5] Die Bedeutung von Ideologie, Rassismus und Vorurteilen gegen ganze Gruppen von Menschen wird hierzulande routinemäßig unterschätzt, so der Sozialpsychologe Zick.

Die gesellschaftliche Radikalisierung zeigt sich in den sozialen Medien, wo via Twitter, Facebook oder Telegram gepöbelt, gedroht und gehetzt wird. Sie zeigt sich lokal genauso wie international, wenn sich rechtsterroristische Mörder im neuseeländischen Christchurch und später in Halle an der Saale auf ähnliche Verschwörungsideologien beziehen. Sie zeigt sich mittlerweile auch in den deutschen Parlamenten, in die mit der AfD ein schneidender, verächtlicher Ton eingezogen ist. Die Sozialforschung registriert seit einigen Jahren, dass zwar geschlossen rechtsextreme

Einstellungen in der Bevölkerung eher abgenommen, zugleich aber vor allem in der gesellschaftlichen Mitte die Vorurteile gegen Minderheiten wie Migranten und Muslime massiv zugenommen haben. Während solche Einstellungen über viele Jahre eher im Verborgenen wirkten und von keiner Partei bedient wurden, betraten mit der Pegida-Bewegung und der AfD politische Akteure die Bühne, die das Ressentiment seither ganz bewusst schüren. Rassistische, geschichtsrevisionistische und antipluralistische verbale Angriffe und Diskurse gegen Muslime, Migranten, das »Merkel-System« oder einfach »die da oben« werden maßgeblich von AfD-Politikern initiiert und befeuert. Ihnen gebührt daher in diesem Buch die größte Aufmerksamkeit.

Bei meiner Untersuchung politischer Aussagen auf ihren Inhalt sowie die innewohnende Ideologie und Wirkung ist wichtig, dass kein simpler Reiz-Reaktions-Mechanismus behauptet wird. Radikale Sprache ist kein Knopf, dessen Betätigung automatisch eine einzige mögliche Wirkung erzeugt. Wie beschrieben erzeugt Sprache zunächst einen Rahmen des Sagbaren, Denkbaren und schließlich auch Machbaren. Björn Höcke geht es eben nicht ausschließlich darum, maximale Aufmerksamkeit zu erzeugen, indem er mit Reizwörtern provoziert. Vielmehr versucht er, eine neue Wirklichkeit zu erzeugen, in der das Undenkbare denkbar wird. Die allermeisten halten es derzeit wohl für undenkbar, Menschen mit Migrationshintergrund, die hier seit vielen Jahren bestens integriert leben, zu entrechten und gegen ihren Willen abzuschieben, was einer Deportation gleichkäme. Gleichwohl droht AfD-Politiker Björn Höcke ein »großangelegtes Remigrationsprojekt« an und raunt über eine »Politik der ›wohltemperierten Grausamkeit‹«. Der Jenaer Rechtsextremismusexperte Matthias Quent weist darauf hin, dass eine Segregation von Menschen wegen ihrer Abstammung, Herkunft, Kultur oder Religion ohne ungeheuerliche Gewalt gar nicht denkbar ist. Solche Konsequenzen gilt es bloß zu legen und kontinuierlich davor zu warnen.

Sozialforscher Quent spricht von einer »Bildsprache der Unmenschlichkeit«, die von der radikalen Rechten forciert werde.[6] Zwar würden nur wenige letztlich zu Vollstreckern physischer Gewalt. Diesen gewaltbereiten Aktivisten aber kann Hasssprache und die Stigmatisierung von Minderheiten als Legitimation für Taten dienen. Die an Verrohung Gewöhnten wiederum kann die kontinuierliche Desensibilisierung davon abhalten, die gesellschaftlich überlebensnotwendige Ächtung von Diskriminierung und Gewalt zu organisieren. So werden die demokratischen Grundlagen in einem schleichenden Prozess geschwächt. Konfliktforscher Andreas Zick ist sich sicher, dass etwa Wahlkämpfe, in denen Politiker menschenfeindliche Vorurteile gegen einzelne Gruppen bedienen, nicht folgenlos bleiben. Wenn primär Opfergruppen für gesellschaftliche Probleme verantwortlich gemacht werden, so Zick, münde das garantiert in Aggression und Gewalt.[7]

Forscher des Instituts für interdisziplinäre Konflikt- und Gewaltforschung (IKG) der Universität Bielefeld haben für eine Studie den Zusammenhang zwischen Hasstaten und Wahlstimmen für die AfD untersucht.[8] Dazu glichen sie Daten der Bundestagswahl von 2017 aus 401 deutschen Kreisen und Städten mit registrierten Gewaltstraftaten ab. Das Ergebnis: Die AfD war vor allem dort erfolgreich, wo die Arbeitslosigkeit hoch und der Ausländeranteil gering war. Darüber hinaus wurden in diesen AfD-Hochburgen besonders viele Angriffe gegen Geflüchtete angezeigt. Rassistische Rhetorik und Szenarien, die Menschengruppen zu einer existenzbedrohenden Gefahr stilisieren, sind offenkundig ein idealer Nährboden für Gewalt.

Es lohnt sich, noch einmal in Erinnerung zu rufen, was

wir alles zu hören bekamen, seit die AfD immer erfolgreicher und radikaler wurde. Es wurde behauptet, dass man notfalls an der Grenze auch auf Frauen und Kinder schießen müsse und wir uns nicht von großen Kinderaugen erpressen lassen dürften. Unsere Erinnerungskultur, die den Holocaust als bleibende Verantwortung unserer Staatsräson begreift, gehöre um 180 Grad gedreht, also ins Gegenteil verkehrt. Eine türkischstämmige Politikerin solle in Anatolien »entsorgt« werden. Man will sich das Land und Volk von den sogenannten Altparteien zurückholen. Dann, ja dann, werde richtig »ausgemistet«. Bis es so weit ist, wolle man die Bundeskanzlerin »jagen«. Oder noch besser einsperren, wie bei rechten Demos gefordert wird.

Die Anlässe und verbalen Brandstifter, die solche Ungeheuerlichkeiten verbreiten, werden regelmäßig öffentlich entschuldigt und aus dem diskursiven Kurzzeit-Speicher gelöscht. Meistens reicht die halbherzige Schutzbehauptung: Das war ja gar nicht so gemeint. Aber damit ist das Gesagte nicht aus der Welt. Im Gegenteil. Es bleibt im kollektiven Gedächtnis – und verändert die politische Kultur. Nicht selten wird Kritik an menschenverachtender Politrhetorik auch noch systematisch delegitimiert, indem sie als Ausdruck einer *political correctness* geschmäht wird, die angeblich die freie Rede bedroht. Absurderweise geht die Behauptung eines eingeschränkten »Meinungskorridors«, innerhalb dessen überhaupt nur argumentiert werden dürfe, mit einer beispiellosen Entgrenzung einher.

Das hat auch mit der Unsicherheit von Journalist*innen und Redaktionen zu tun, die zu oft nicht wissen, wie sie mit Demokratiefeindlichkeit und offenem Rassismus umgehen sollen. In Interviews überließen Redaktionen AfD-Politikern wie Alexander Gauland regelmäßig das letzte Wort, anstatt verbale Grenzverletzungen zu kritisieren. Typisch ist in der Medienlandschaft auch, auf schwammige

Floskeln wie »umstritten« zurückzugreifen oder sich vor einer eigenen Analyse zu drücken, etwa indem eindeutiger Rassismus wie Höckes Gerede vom »afrikanischen Ausbreitungstyp« nicht als solcher benannt, sondern lediglich berichtet wird, es gebe Kritik daran. Härteste Aussagen, gefolgt von medialem Wischiwaschi. AfD-Politiker sagt dies, Politiker XY kritisiert das, die Kritisierten dürfen dann noch mal ihren Kritikern widersprechen. Das war's dann.

Dieses Buch ruft einerseits drastische Aussagen ins Gedächtnis zurück, die folgenlos den demokratischen Minimalkonsens verlassen und damit den politischen Diskursraum verschoben haben – indem sie beispielsweise rassistische oder geschichtsrevisionistische Argumente enttabuisiert und normalisiert haben. Darüber hinaus holt es aber auch weit weniger bekannte Statements bekannter und unbekannter verbaler Brandstifter ans Licht, die belegen: Hass, Verächtlichkeit gegenüber Menschen und Institutionen, Rassismus und Ermächtigungsfantasien sind keine zufälligen Ausrutscher, sondern strategische Instrumente der radikalen Rechten. Da gehen nicht im Eifer des Wahlkampfgefechts oder in der Euphorie einer politischen Versammlung die Pferde mit besonnenen Denkern und Rednern durch, sondern ihre Radikalität ergibt sich zwangsläufig aus völkisch-nationalistischer Ideologie und der Ablehnung fundamentaler Spielregeln der pluralistischen Demokratie. Oder vereinfacht gesagt: Die meinen es bitter ernst.

Wer sich genauer anschaut, was Alice Weidel, Björn Höcke, Jörg Meuthen oder Alexander Gauland über Muslime, unsere Erinnerungskultur oder die Verfasstheit unserer Gesellschaft zu sagen haben, kommt zu verblüffenden Ergebnissen: dass nämlich Ähnlichkeiten und Gemeinsamkeiten in Ton und Inhalt die oft getroffene Unterscheidung in vermeintlich Gemäßigte und Radikale in der AfD mehr als fragwürdig erscheinen lassen. Wenn der von vielen Redaktionen immer noch wie ein bürgerlicher Politiker behandelte Ehrenvorsitzende der Partei, Alexander Gauland, darüber spricht, dass die Deutschen angeblich gegen Migranten ausgetauscht werden sollen, klingt er seinem Parteifreund Björn Höcke zum Verwechseln ähnlich. Höcke wiederum wird auch von Verfassungsschutzchef Thomas Haldenwang als Rechtsextremist eingestuft.[9] Zu lange kamen jene, die mit Worten zündeln, damit durch.

Sprachliche Verrohung geht aber längst nicht immer nur vom erstarkten rechten Rand aus. Immer wieder bedienen auch Politiker und Persönlichkeiten, die sich selbst in der politischen Mitte verorten, rassistische Stereotype oder verbreiten wohlkalkuliert populistische Parolen. Sie heißen Söder, Seehofer oder Lindner, sind in der CSU oder der FDP. Diese populistischen Trittbrettfahrer schüren bisweilen Ressentiments und tragen mit radikalen Worten effektheischend rechte Diskurse in ihre Wählerschaft. Einige wie der bayerische Ministerpräsident Markus Söder haben ihren zwischenzeitlich strammen Rechtskurs mittlerweile korrigiert, aber ihre Worte wirken nach. Anders ist es bei Thilo Sarrazin, der nicht als Trittbrettfahrer, sondern als entscheidender Impulsgeber und Anstifter für neue völkische und rassistische Diskurse gelten kann. Doch egal, ob aus taktischem Kalkül oder aus Überzeugung: Stimmungen gegen Minderheiten zu schüren, vergiftet das politische Klima, stellt Menschen kollektiv an den Pranger und senkt die Hemmschwelle für Gewalt gegen Minderheiten. Rassismus bleibt Rassismus, unabhängig davon, ob er in der AfD, der SPD oder der CDU / CSU, von Grünen oder Linken geäußert wird.

Jede Demokratie braucht Streit, Diskurs und offene Worte. Dazu gehört aber unbedingt auch Widerspruch gegen

Demokratie- und Menschenfeindlichkeit. Oder um es frei nach Karl Popper zu sagen: Keine Toleranz für Intoleranz!

Verrohung der politischen Kultur und offener Hass

Alexander Gauland (AfD):

»Wir werden sie jagen. Werden Frau Merkel oder wen auch immer jagen und wir werden uns unser Land und unser Volk zurückholen.«

Quelle: Alexander Gauland am Abend der Bundestagswahl am 24. September 2017

Im September 2017 zog die AfD mit 12,6 Prozent der Wählerstimmen erstmals in den Bundestag ein. Am Wahlabend trat der spätere Fraktionschef Alexander Gauland vor seine Parteifreunde und kündigte eine Jagd an. Markige Worte und Triumphgetöse sind nach Wahlerfolgen durchaus normal. Auch die Selbstbeschwörung eigener Größe. Aber Gaulands Worte, mit fester Stimme und entschlossener Miene vorgetragen, klingen nach einer Drohung. Bei einer Jagd wird Beute verfolgt und letztlich erlegt. Das erzeugte Bild enthält eine latente Gewaltfantasie. Interessanterweise soll nicht nur die Bundeskanzlerin gejagt werden, sondern die AfD will »wen auch immer« jagen: Damit wird die Dimension erweitert auf alle Demokraten, die nicht ihrer Meinung sind. Aufschlussreich ist die Ankündigung, sich Land und Volk zurückholen zu wollen. Fragt sich, wem

Land und Volk denn gehören? Gauland unterstellt implizit: der AfD. Eine beispiellose Anmaßung, die nicht nur in eklatantem Widerspruch zum demokratischen Prinzip des Wettbewerbs steht, sondern als antipluralistische Allmachtsfantasie verstanden werden kann. Gauland behauptet also allen Ernstes, ihm und seinen Parteifreunden gehöre das ganze Land, es stehe ihnen zu. Zurückholen kann man sich ja nur etwas, das einem zuvor weggenommen wurde: nämlich »unser Land und unser Volk«. Ganz so, als gäbe es keine unterschiedlichen gesellschaftlichen Interessen, sondern nur einen einheitlichen Volkswillen. Den aber gibt es nur in autokratischen, rechtsextremistischen Regimen, wenn Opposition, Abweichung und Widerspruch mit Gewalt abgeschafft worden sind und unterdrückt werden.

Alexander Gauland verlässt mit seiner drohenden Prophezeiung den Konsens der Demokraten. Die streiten, kritisieren und kämpfen um Wählerstimmen – aber sie jagen sich nicht. »Wir werden sie jagen ...« Diese Worte sind rauf und runter zitiert worden, aber die Rezeption zeigt, was im Umgang mit radikaler Politrhetorik falsch läuft. Dass Jagdfantasien in der politischen Auseinandersetzung Ausdruck einer antipluralistischen Haltung und unvereinbar mit einer respektvollen politischen Kultur sind – das alles blieb außen vor. Stattdessen wurde Alexander Gauland durch die Einladung in Talkshows von ARD und ZDF geadelt. Seine Vita als langjähriges Mitglied der CDU sowie als Herausgeber der *Märkischen Allgemeinen* bewirken eine unverantwortliche Nachsicht gegenüber dessen Auftreten als AfD-Politiker.

Andreas Kalbitz (AfD):

»Die Blockparteien haben sich unseren Staat zur Beute gemacht und die Regierung unser Land und Volk zum Schlachtfeld ideologischer Experimente überall. [...] Das ist alles Unsinn, aber es ist mehr als Unsinn, es ist der Plan, der ideologisierte Plan der Deutschlandabschaffer, der Deutschlandhasser, die in diesem Parlament sitzen. Die Claudia Roths, die Volker Becks, und wie sich dieser ganze Politausschuss so schimpft. Wir erleben ein verwaltetes Elend staatlich institutionalisierter Inländerfeindlichkeit.«

Quelle: Rede von Andreas Kalbitz beim Kyffhäusertreffen des Flügels am 2. September 2017

Der Präsident des Bundesamtes für Verfassungsschutz, Thomas Haldenwang, hat Andreas Kalbitz als Rechtsextremisten bezeichnet.[10] Mit Kalbitz im Bundesvorstand wurde die AfD bei der Landtagswahl in Brandenburg im Jahr 2019 mit über 23 Prozent zweitstärkste Kraft hinter der SPD. Und das, obwohl der in München geborene Kalbitz eine lange rechtsextremistische Vergangenheit hat.[11] Er war Mitglied bei den Republikanern, schrieb für die Mitgliederzeitung »Fritz« der rechtsextremistischen Vereinigung Junge Landsmannschaft Ostpreußen und war Vorsitzender des rechtsextremistischen Vereins »Kultur- und Zeitgeschichte, Archiv der Zeit«, der von einem ehemaligen SS-Hauptsturmführer gegründet worden war. Im Jahr 2007 nahm Kalbitz an einem Pfingstlager der neonazistischen »Heimattreuen Deutschen Jugend« (HDJ) teil, die zwei Jahre später verboten wurde. Kalbitz wurde vom Bundesvorstand der AfD wegen angeblich falscher Angaben im Aufnahmeantrag mit knapper Mehrheit aus der Partei ausgeschlossen. Er soll eine frühere Mitgliedschaft bei den Republikanern nicht angegeben haben. Nach seinem Rauswurf solidarisierten sich vor allem im Osten viele aus der AfD mit ihm. Allen voran Björn Höcke, der von »Verrat« sprach. Auch Alexander Gauland machte sich für Kalbitz stark. Obwohl das Bundesschiedsgericht der AfD die Annullierung der Mitgliedschaft für rechtmäßig erklärte, blieb Kalbitz zunächst Fraktionschef in Brandenburg, bevor er das Amt erst ruhen ließ, dann abgab und zugleich vor dem Berliner Landgericht daran scheiterte, eine einstweilige Verfügung gegen seinen Rauswurf aus der AfD zu erwirken. Absurdes politisches Theater.

Seit Jahren trat Kalbitz zuvor als Scharfmacher für die AfD auf, so auch beim sogenannten Kyffhäusertreffen des Flügels im Jahr 2017. Seine Wortwahl zeugt von tiefer Verachtung der demokratischen Konkurrenz und lässt daran zweifeln, ob er demokratische Willensbildung und Prozesse überhaupt akzeptiert. Die demokratischen Parteien bezeichnet er als »Blockparteien«. Der Ausdruck bezeichnet eigentlich jene Parteien in der DDR, die zwar pro forma eigenständig waren, aber den Kurs der Staatspartei SED in einem »Demokratischen Block der Parteien und Massenorganisationen« mittrugen. Kalbitz unterstellt mit seiner Analogie damit nicht weniger als eine Art Gleichschaltung von Parteien wie CDU, SPD oder Grünen. Die derart Geschmähten hätten sich »unseren Staat zur Beute gemacht«, so Kalbitz. So beschreibt der Rechtsextremist die Arbeit von Parteien, die seit Jahrzehnten die parlamentarische Demokratie in Deutschland tragen. Das Regierungshandeln als Ergebnis gewonnener Wahlen deligitimiert der Ex-Bundeswehrsoldat Kalbitz martialisch, indem er von einem »Schlachtfeld« spricht. Politik, die ihm nicht passt, bekommt den Stempel: »ideologische Experimente«. In diesem realitätsbefreiten Horrorszenario schafft sich Kalbitz im typischen AfD-Sound seine Bösewichter: Politiker und Journalisten machen ihm zufolge also nicht bloß schlechte Arbeit, sondern sind »Deutschlandabschaffer« und »Deutschlandhasser«. Schmähvokabeln, die für einen hypersensiblen und aggressiven Nationalismus stehen, der überall Feinde wittert. Im typischen Untergangs-Sound entwirft er ein Horrorszenario vom Zustand des Landes.

Mit Volker Beck und Claudia Roth stellt er zwei Grünen-Politiker namentlich an den Pranger. Beide werden seit geraumer Zeit immer wieder Opfer von Hasskampagnen. Sie werden beleidigt und bedroht. Diese leidgeprüften Hassobjekte entmenschlicht Kalbitz geradezu, wenn er sie als »Politausschuss« bezeichnet. In der Industrie ist Ausschuss der Begriff für Fehlproduktion. Also: Schrott. In der Summe verbindet diese Tirade des damaligen AfD-Spitzenpolitikers Andreas Kalbitz Menschenverachtung mit Demokratieverachtung. Die Absichten des politischen Gegners, die als durch und durch böse dargestellt werden, dienen als Rechtfertigung für rüde verbale Angriffe, die dazu geeignet sind, Hass zu schüren, der jederzeit in Gewalt umschlagen kann.

Noch einmal: Kalbitz wurde aus der AfD rausgeworfen, weil er beim Aufnahmeantrag falsche Angaben gemacht haben soll. An seiner menschenverachtenden Ideologie hat sich die Partei hingegen nicht gestört, sondern immer wieder berauscht.

Andreas Kalbitz (AfD):

»Wir werden die Politik der Deutschland-Abschaffer rückabwickeln. Das Ende der 68er, die sich auf allen Ebenen fett und fest gefressen haben in Politik, Bildung, Medien: Das Ende naht. Und wenn es Teil des AfD-Erfolgs sein soll, die 68er-Erben und Verwalter auf die politische Sondermülldeponie der Geschichte zu befördern, dann nehme ich diesen Teil unseres politischen Auftrages gerne an, denn da gehören sie nämlich hin, und ich sag's noch mal, hab da mal 'ne Rüge dafür bekommen vom Landtagspräsidenten, wir werden auf den Gräbern tanzen.«

Quelle: Rede von Andreas Kalbitz beim Kyffhäuser-Treffen des Flügels am 2. September 2017

In derselben Rede hat Andreas Kalbitz eine Tirade gegen die verhassten »68er« losgelassen. Jene Generation, die in Westdeutschland das Ende der Adenauer-Ära einleitete und die Gesellschaft nachhaltig modernisierte. Auch und vor allem dadurch, dass sie die Verantwortung für Nationalsozialismus und Holocaust offen benannte und den Bruch mit ideologischen und personellen Kontinuitäten einforderte. Die 68er sind ein Lieblings-Hassobjekt der radikalen Rechten, weil diese wichtige Grundlagen für eine pluralistische Gesellschaft legten und die Traditionslinien zum völkischen Nationalismus konsequent kappten. Spätestens mit dem grünen Außenminister und Vizekanzler Joschka Fischer waren Vertreter der 68er zu staatstragenden Akteuren in der Berliner Republik aufgestiegen. Diese Versöhnung einstiger Fundamentaloppositioneller mit der parlamentarischen Demokratie diskreditiert Kalbitz als geradezu korrupte Elitenmentalität. Die 68er hätten sich auf allen Ebenen »fett und festgefressen«. Ohne, dass er es explizit ausspricht, weckt das Assoziationen von Schmarotzertum. In klassisch rechtem Duktus sieht Kalbitz überall Feinde: in Politik, Bildung, Medien. All jenen, die die Ablehnung eines reaktionären Nationalismus eint, verspricht Kalbitz: »Das Ende naht.« Man kann das als Ankündigung politischer Säuberungen verstehen. Denn Kalbitz versteht es als politischen Auftrag der AfD, »die 68er-Erben und Verwalter auf die politische Sondermülldeponie der Geschichte zu befördern«. Damit setzt er 68er und deren Sympathisanten mit Sondermüll gleich, denn nur Giftstoffe und kontaminiertes Material gehören auf eine Sondermülldeponie. Wohlgemerkt, es geht nicht um Ideen oder Ideologien, die entsorgt werden sollen, sondern um Menschen. Dass es sich um eine Metapher handelt, ändert nichts daran, dass Kalbitz Menschen wie Sondermüll behandeln möchte. Dem folgt ein weiteres monströses Bild, denn Kalbitz kündigt an, er werde auf den Gräbern tanzen. In Gräbern liegen Leichen. Andreas Kalbitz hat in seiner Rede eine Gewaltfantasie entwickelt. Und klargemacht, dass dies kein Ausrutscher ist. Da gingen nicht die Pferde mit einem leidenschaftlichen Politiker durch, vielmehr gehört das Spiel mit der Gewalt offenkundig zum politischen Kalkül. Denn dass er für seinen Traum, auf den Gräbern politischer Gegner zu tanzen, bereits vom Landtagspräsidenten gerügt wurde, hat bei ihm keinen Sinneswandel bewirkt. Im Gegenteil: Kalbitz brüstet sich mit der Anekdote von seiner Rüge, um die sprachliche Enthemmung anschließend genüsslich zu wiederholen. Er ist ein Überzeugungstäter.

Andreas Kalbitz (AfD):

»Wir sind die Götterdämmerung dieses globalisierten Multikulturalismus, wir sind die Totengräber der fauligen Reste dieser 68er-Zersetzung. Wir sind die Restauratoren dieses am Boden liegenden entmerkelten Restes einer Nation. Das ist unser Land. Und das ist unsere Kampfansage an die etablierte Politik und an alle, die uns dieses Land streitig machen.«

Quelle: Rede von Andreas Kalbitz vom 23. Juni 2018 beim Kyffhäusertreffen des Flügels

Auch im Folgejahr hat sich der Brandenburger AfD-Chef Andreas Kalbitz beim Kyffhäusertreffen mit seinem Lieblingsfeindbild, den 68ern, beschäftigt. Wieder hat er Verachtung mit raunenden Andeutungen verknüpft, die man als Drohung verstehen kann. Die Wirkung der 68er beschreibt er als »Zersetzung«, also als zerstörerische Unterwanderung und Untergrabung der bestehenden Ordnung. Der Duden warnt ausdrücklich davor, den Begriff im politisch-gesellschaftlichen Kontext zu verwenden, weil er in dieser Bedeutung von den Nazis verwendet wurde.

Denn die sprachen von »Wehrkraftzersetzung«. Das Ministerium für Staatssicherheit der DDR bezeichnete die systematische Zerstörung der psychischen Gesundheit von Regimegegnern als »Zersetzung«. Der Begriff steht also für größtmögliche schädigende Wirkung. Die von den 68ern angeblich derart zerrütteten Verhältnisse beschreibt Kalbitz als die »fauligen Reste« der Zerstörung. Im Klartext: Die 68er haben ihm zufolge etwas Ekelerregendes hinterlassen. Für die Folgen von Multikulturalismus und 68er-Wirken will Kalbitz »Götterdämmerung« und »Totengräber« sein. Kalbitz inszeniert die AfD mit seiner schwülstigen Rhetorik im Stil einer mystisch aufgeladenen Bewegung, deren Pathos eher an den Faschismus als an eine demokratische Partei denken lässt. Angekündigt wird nicht weniger als ein Epochenwechsel, eine Art Kulturrevolution, die alles beseitigen will, was die 68er angeblich angerichtet haben. Warum der Furor? Warum macht es Kalbitz nicht eine Nummer kleiner? Um das zu verstehen, muss man jene Strategie der Neuen Rechten kennen, die sie Metapolitik nennen. Damit ist die Vorstellung gemeint, dass die politische Macht nur dann errungen werden kann, wenn zuvor die kulturelle Hegemonie, also die Meinungsführerschaft, gewonnen wird. Das Konzept geht auf den italienischen Philosophen und Politiker Antonio Gramsci zurück. Und genau das beabsichtigt auch dieser verbale Frontalangriff gegen Multikultur und 68er: Deutungshoheit. Kalbitz beklagt einen »entmerkelten« Rest einer Nation. Eine Wortschöpfung, die keinem anderen Zweck dient als der Herabwürdigung. So wird Kanzlerin Merkel ganz nebenbei die Zerstörung der deutschen Nation unterstellt. Kalbitz muss die Zustände und die maßgeblich verantwortliche Kanzlerin mit maximaler sprachlicher Wucht verdammen, um die AfD als Retter des untergehenden Abendlandes erhöhen zu können. Diese Erzählung von Untergang und Rettung mündet in einer Kampfansage an alle, die der AfD dieses Land streitig machen, wie Kalbitz es ausdrückt: »Das ist unser Land.« Ein Besitzanspruch, der sich weder mit dem Demokratieprinzip noch mit gesellschaftlichem Pluralismus verträgt. Nein, Deutschland gehört genauso wenig der AfD wie irgendeiner anderen Partei. Wer eine solche Anmaßung in Reden formuliert, richtet sich gegen die Grundlagen der Demokratie.

Alexander Gauland (AfD):

»Ladet sie mal ins Eichsfeld ein und sagt ihr dann, was spezifisch deutsche Kultur ist. Danach kommt sie hier nie wieder her, und wir werden sie dann auch Gott sei Dank in Anatolien entsorgen können.«

Quelle: Alexander Gauland in einer Wahlkampfrede am Wochenende vom 26./27. August 2017 im thüringischen Landkreis Eichsfeld über die damalige Ausländerbeauftragte der Bundesregierung, Aydan Özoguz (SPD)

Anlass für Gaulands Hassrede war eine Aussage der damaligen Ausländerbeauftragten Aydan Özoguz, wonach sie eine spezifisch deutsche Kultur abseits der deutschen Sprache nicht erkennen könne. Für alle, die Kultur als das Ergebnis ethnischer und völkischer Homogenität missverstehen, ein ungeheurer Affront. Dementsprechend echauffierte sich Alexander Gauland, dass eine solche Aussage von einer »Deutschtürkin« absolut unangemessen sei. Überhaupt über deutsche Kultur zu sprechen, stehe ihr nicht zu, weil sie selbst nicht Teil dieser deutschen Kultur sei, so der unausgesprochene Subtext. Die Metapher der Entsorgung weckt die Assoziation von menschlichem Müll. Anatolien ist die verächtliche Chiffre für den Ort, wo Frau Özoguz angeblich hingehört. Jene östliche Region in der

Türkei, die vielen Deutschen als besonders rückständig gilt. Die Bemerkung lässt sich durchaus als Gewaltfantasie verstehen. Nachdem sie im Eichsfeld war, nachdem man ihr die deutsche Kultur erklärt habe, werde diese Frau sicher nicht mehr dorthin zurückkommen. Nein, man werde sie dann in Anatolien »entsorgen« können, »Gott sei Dank«. Diese Drohung wurde völlig zu Recht als das skandalisiert, was sie ist: eine menschenverachtende Entgrenzung. Gauland und die AfD haben anschließend versucht, die Aussagen zu verharmlosen. »Entsorgen« sei ein üblicher Terminus in der politischen Auseinandersetzung. Er ist es nicht. Und es ist unverantwortlich, in dieser Weise Wut und Hass gegen eine Politikerin zu schüren.

Der Verlauf dieses Skandals ist typisch für den Umgang mit von AfD-Politikern ausgesprochenen Schmähungen. Die Staatsanwaltschaft Mühlhausen stellte Ermittlungen gegen Gauland ein. Begründung: Im Wahlkampf sei der Ton rauer und das Gesagte könne nicht ausschließlich im Sinne einer physischen Vernichtung interpretiert werden. Im Klartext: Zwar lässt sich die »Entsorgung« sehr wohl als Vernichtungsfantasie verstehen, aber aufgrund einer angenommenen Mehrdeutigkeit entscheidet die Justiz im Sinne der freien Rede – auf Kosten der geschmähten Frau Özoguz. Auch als Person des öffentlichen Lebens hat Gauland seine Hassrede nicht geschadet.

Wie unsicher viele Medien im Umgang mit radikalen Grenzverletzern sind, offenbarte Frank Plasberg in seinem ARD-Talk »Hart aber fair«.[12] 17 Minuten lang arbeitete sich der Moderator unbeholfen an Gauland und dessen Aussage ab – ohne überzeugende Strategie, Haltung und Analyse. Gauland gab sich demonstrativ naiv und harmlos und kam damit durch. Nach der unbedarften Konfrontation mit seinem Zitat durfte er wieder als Experte für Sachfragen auftreten. Ein journalistischer Sündenfall, den Gauland als

Triumph verbuchen konnte. Bei Reden vor AfD-Anhängern brauchte er danach nur noch den Namen von Aydan Özoguz zu erwähnen, um höhnische Verächtlichkeit zu provozieren. Es ist fatal, dass Gauland und die AfD für die Verrohung des Diskurses nicht sanktioniert wurden. Die Grenze des Sagbaren wurde derart verschoben, dass nicht mal mehr perfide Angriffe auf die Menschenwürde und Unversehrtheit des Lebens nennenswerte Konsequenzen haben.

Stephan Brandner (AfD):

»Gibt es eigentlich Grüne, die 'n Schulabschluss und Hochschulabschluss haben?«

Quelle: Rede von Stephan Brandner am 12. September 2017 in Jena

Bevor Stephan Brandner im Januar 2018 zum Vorsitzenden des Rechtsausschusses im Bundestag gewählt wurde, war er in seinen Reden bereits als Scharfmacher aufgefallen. Wie im September 2017 in Jena, als er Linke und Grüne als »Sekte« bezeichnete. Die rhetorische Frage, ob es bei den Grünen überhaupt jemanden mit einem Schulabschluss und Hochschulabschluss gebe, zeugt von einer tiefen Verachtung für den politischen Mitbewerber, der dessen Mitglieder als minderbemittelte Nichtsnutze darstellt. In der gleichen Rede behauptete Brandner, auf der Straße würde »der eine oder andere«, befragt nach den Grünen, an »Koksnasen« und »Kinderschänder« denken. Sein Zusatz, dass er sich das nicht zu eigen mache, wirkte wie ein billiger Trick, um diese ungeheuerliche Diffamierung einer ganzen Partei dann doch aussprechen zu können. Wer sich derart abfällig und respektlos gegenüber der politischen Konkurrenz äußert, diskreditiert sich als respektabler und wählbarer Demokrat. Trotzdem entschied sich im Bundestag eine

Mehrheit des Rechtsausschusses auf Vorschlag von Thomas Oppermann (SPD) für die Wahl Brandners zum Vorsitzenden. Damit sollte den parlamentarischen Gepflogenheiten entsprochen werden, weil die AfD bei der Bundestagswahl stärkste Oppositionspartei geworden war. Doch die Hoffnung, das parlamentarische Amt würde den AfD-Politiker zur Mäßigung verleiten, ging nicht auf. Stattdessen pöbelte Brandner unter dem Hashtag »Judaslohn« auf Twitter gegen den Sänger Udo Lindenberg, dem das Bundesverdienstkreuz verliehen wurde. Der Sänger hatte zuvor auf Facebook harsche Kritik an der AfD geübt. Nach seinem Ausfall gegen den Künstler wählten die Vertreter der anderen Parteien Brandner im November 2019 als Ausschussvorsitzenden wieder ab. Das Bundesverfassungsgericht lehnte einen Eilantrag der AfD-Fraktion ab, Brandner vorläufig wieder ins Amt zu setzen. Die Causa Brandner erinnert daran, dass Regelbrecher in der Demokratie für ihr Verhalten nicht auch noch in Form von prestigeträchtigen Posten belohnt werden dürfen. Das Motiv der Ausschussmitglieder, der AfD keine Selbststilisierung als Opfer zu ermöglichen, ging in diesem Fall nach hinten los. Die AfD spielte sich trotzdem als Opfer auf, die Demokraten hatten sich blamiert. Sie sollten daraus lernen, dass es nicht Ausdruck demokratischer Kultur, sondern falsch verstandene Toleranz ist, Demokratieverächter in ein politisches Amt zu wählen.

Marc Jongen (AfD):

»Ich bin heute zum Leiter des fraktionsinternen Arbeitskreises ›Kultur und Medien‹ gewählt worden. Es wird mir eine Ehre und Freude sein, dieses Amt auszuüben und die Entsiffung des Kulturbetriebs in Angriff zu nehmen.«

Quelle: Marc Jongen auf Twitter am 23. Januar 2018

AfD-Politiker wie Björn Höcke haben politische und ethnische Säuberungen angedeutet. Der AfD-Bundestagsabgeordnete Marc Jongen, der als ideologischer Vordenker seiner Partei gilt, hat eine Art kulturelle Säuberung angekündigt. In den Kommunen und auch programmatisch greift die AfD immer wieder die freie Kulturszene an und fordert eine Art Nationalkultur, die eine positive Identifikation mit Volk und Nation befördern soll. Kritische Kulturschaffende werden mitunter sogar unter Extremismusverdacht gestellt wie vor den Kommunalwahlen in Leipzig, als Lokalpolitiker der AfD versuchten, die freie Kulturszene der Stadt zu diskreditieren und Fördergelder infrage zu stellen. Gesellschaftskritische Theaterleute gelten der AfD ähnlich wie Journalisten als Teil des linksgrünen Mainstreams, eines Komplexes, für deren Vertreter die Schmähvokabel »linksgrünversifft« kursiert. An diese Begrifflichkeit knüpft Jongen mit seiner Wortschöpfung »Entsiffung« an. Der Duden definiert »versifft« mit verschmutzt und verdreckt. Das Wort leitet sich von der Kurzform der »Syphilis« ab. Wer nach Synonymen sucht, stößt auf unrein, räudig, mistig, ranzig, schäbig und kotig. Die vielfältige Kulturlandschaft als unhygienisch, sexuell verkommen und geradezu ekelhaft zu beschreiben ist nicht nur menschenverachtend, sondern ideologisch und strategisch begründet. Reinheit ist ein rechtsradikales Ideal, das sowohl für die ethnisch definierte Gesellschaft als auch für die Kultur angestrebt wird. Im Kampfbegriff »ethnokulturell« werden die beiden Ebenen sogar diskursiv miteinander verschmolzen. Beim neurechten Kulturkampf um eine vermeintlich saubere deutsche Kultur geht es aber wohlgemerkt nicht um einen theoretischen Diskurs, sondern um einen handfesten Angriff auf eine pluralistische Kultur. Die Ankündigung einer »Entsiffung« kann ganz konkret bedeuten, missliebigen Bühnen die Gelder zu streichen, kritische Intendanten zu entlassen, Kulturschaffende mit Migrationshintergrund zu diskriminieren, politischen Einfluss auf Spielpläne und Veranstaltungen zu nehmen und die öffentliche Förderpolitik am »ethnokulturellen« Reinheitsgebot auszurichten. Vielerorts fürchten Kulturschaffende genau das, sollte die AfD durch Wahlerfolge in die Lage versetzt werden, ihren markigen Worten auch kulturzensorische Taten folgen zu lassen. In ostdeutschen Kommunen gelingt es der AfD punktuell schon jetzt, mit ihren Stimmen soziokulturellen Vereinen, die sich für Vielfalt und gegen Diskriminierung engagieren, die kommunalen Fördergelder abzudrehen.

Rassistische Feindbilder, Anti-Islam und Antisemitismus

Alice Weidel (AfD):

»Doch ich kann Ihnen sagen: Burkas, Kopftuchmädchen und alimentierte Messermänner und sonstige Taugenichtse werden unseren Wohlstand, das Wirtschaftswachstum und vor allem den Sozialstaat nicht sichern.«

Quelle: Rede von Alice Weidel im Bundestag am 16. Mai 2018

Kaum ein Debattenbeitrag zeigt anschaulicher, dass mit der AfD nicht nur schneidende Verächtlichkeit, sondern auch offener Rassismus in den Bundestag eingezogen ist als das Gerede über »Kopftuchmädchen« und »Messermänner«. Die Co-Fraktionsvorsitzende der AfD, Alice Weidel, verknüpft in ihrem traurig berühmt gewordenen Statement zwei Diskurse: nämlich wirtschaftlichen Erfolg des Landes mit der multikulturellen Zusammensetzung der Gesellschaft. In ihrer Polemik konstruiert sie, dass Wohlstand, Wirtschaft und Sozialstaat durch religiöse Symbole und kriminelle Migranten bedroht seien. Pauschal werden muslimische Mädchen und Frauen von der AfD-Fraktionschefin als »Kopftuchmädchen« verunglimpft. Männliche Migranten stellt sie klischeehaft als mit Messern bewaffnete und diese auch nutzende Gestalten dar, die noch dazu alimentiert, also staatlich unterstützt, werden. Messer und ausländischer Mann verschmelzen in der Wortschöpfung »Messermänner« zu einer bedrohlichen Einheit von beachtlicher Größe. »Messermigration« ist ohnehin eine beliebte Floskel von AfD-Politikern, um männliche Einwanderer zu stigmatisieren, indem eine quasinatürliche Affinität zu Gewaltstraftaten konstruiert wird, die mit Messern begangen würden. »Masseneinwanderung« gleich »Messereinwanderung«, so die hetzerische Gleichung. Alice Weidel hat wohlkalkuliert antimuslimische Ressentiments in vorurteilsgetränkte, hochemotionale Rhetorik gegossen, indem sie Migrantinnen und Migranten in eine Reihe mit »sonstigen Taugenichtsen« gestellt hat. Mit all denen, so die Botschaft, sei kein Staat zu machen. Bundestagspräsident Wolfgang Schäuble erteilte Weidel für ihre drastische Wortwahl einen Ordnungsruf. Doch Weidels Kalkül ging auf. Ihre Schmähung blieb im kollektiven Gedächtnis und prägte den Diskurs.

Trotz des schneidenden Tons und der bewusst inszenierten Stigmatisierung gesellschaftlicher Minderheiten gilt Alice Weidel vielen Journalisten und politischen Beobachtern in Abgrenzung zu Reizfiguren wie Björn Höcke weiterhin als eher »gemäßigt« und »bürgerlich«. Ähnlich wie bei Alexander Gauland gilt auch bei Alice Weidel der berufliche Werdegang mit Doktortitel und ehemaligen Arbeitgebern wie Goldman Sachs fälschlicherweise als Ausweis bürgerlicher Mitte. Sozialer Status und berufliches Prestige werden mit bürgerlichen Tugenden verwechselt. Dass natürlich auch Akademiker extreme Einstellungen haben können, gerät so aus dem Blick. Dagegen hat die Historikerin Anne Dippel, eine ehemalige Kommilitonin Weidels, in einem Porträt für die Wochenzeitung *Freitag* ein ganz anderes Bild der AfD-Politikerin gezeichnet.[13] Seit sie sich in der Graduiertenförderung der CDU-nahen Konrad-Adenauer-Stiftung kennengelernt hatten, habe sie mit Weidel politische Diskussionen geführt. »Ihr Denken verachtet die Menschenwürde zutiefst«, bilanziert die ehemalige Weggefährtin: »Es besitzt ein verzerrtes und verengtes Verständnis davon, was Deutschsein heißt.« Die Historikerin empfiehlt, nicht Weidels sorgsam gehegtem Image einer Wirtschaftsliberalen im strengen Business-Look auf den Leim zu gehen. De facto propagiere Weidel eine Politik, die im Kern Rassenhass und Elitismus vertrete. Mit ihren Worten von den »Kopftuchmädchen« und »alimentierten Messermännern« hat Weidel jedenfalls einen parlamentarischen Ton gesetzt, der grundlegenden Respekt vermissen lässt und Minderheiten unverhohlen an den Pranger stellt. In ihren hässlichen Worten zeigt sich ungeschminkt der rassistische Blick der AfD auf Minderheiten.

Hans-Thomas Tillschneider (AfD):

»In einem mittelalterlichen Gleichnis wird der Teufel als ein Specht vorgestellt, der von Baum zu Baum fliegt. Bei gesunden Bäumen, also Menschen von gesundem Glauben, kann er sich nicht einnisten. Aber in den Bäumen, die innerlich krank sind, dort baut er sein Nest. Mit dem Islam in Europa ist es ähnlich, will ich meinen. In Russland, in Polen, in der Slowakei, also in den Ländern, die noch nicht so sehr vom Virus der Beliebigkeit, der Dekonstruktion und der sozialen Zersetzung befallen sind, in diesen Ländern, die noch Substanz haben, die noch so etwas wie Stolz auf das Eigene kennen, hat der Islam keine Chance. In Westeuropa aber, in unseren kranken Gesellschaften, kann er sich einnisten, kann seine Parallelgesellschaften bilden, die wie ein Baumpilz am Stamm der deutschen Eiche wuchern, und damit ist der Islam letzten Endes doch nichts anderes als ein Symptom unserer eigenen Schwäche.«

Quelle: Rede von Hans-Thomas Tillschneider beim Kyffhäusertreffen des Flügels am 2. September 2017

Im Mai 2016 buhte die AfD bei ihrem Stuttgarter Parteitag nicht nur Redner aus, die sich für einen Dialog mit dem Islam aussprachen, sondern beschloss auch einen rigorosen Anti-Islam-Kurs.[14] Als treibende Kraft dieser Radikalisierung gilt der promovierte Islamwissenschaftler Hans-Thomas Tillschneider. Auf jenem denkwürdigen Parteitag meldete sich der Landtagsabgeordnete aus Sachsen-Anhalt damit zu Wort, dass der Islam sich nicht auf die Religionsfreiheit berufen könne, weil er kulturell fremd sei. Eine Auffassung, die in eklatanter Weise das Grundgesetz missachtet, das dieses Grundrecht nicht an irgendwelche kulturellen Bedingungen knüpft. Grundrechte gelten im Gegenteil für alle Menschen, völlig egal, was und an wen sie glauben.

In seiner Rede beim Kyffhäusertreffen ein Jahr nach dem Anti-Islam-Parteitag hat Tillschneider den Islam dämonisiert. Mit dem Islam in Europa verhalte es sich ähnlich wie in einem Gleichnis, in dem der Teufel in Gestalt eines Spechts erscheint. Nur in »kranken Gesellschaften« wie jenen Westeuropas habe dieser angeblich teuflische Islam eine Chance, sich einzunisten. Nur hier könnten »Parallelgesellschaften« wuchern, ähnlich einem »Baumpilz am Stamm der deutschen Eiche«. Die Metaphern von Virus und Pilzbefall und Krankheit lassen den Islam als schädliche, ja gefährliche Plage erscheinen, die das Volk in Gestalt des nun befallenen und bald umfallenden Eichenstammes auszulöschen imstande ist. Es verbietet sich, eine Weltreligion als Krankheit zu beschreiben, aber bei der AfD sind solch unheilvollen und historisch vollends diskreditierten Analogien sinnstiftend. Wer so über Religion spricht, schürt Angst und Hass. In dieser kruden Sicht gerät völlig außer Acht, dass es Menschen sind, die glauben. Muslimische Mitbürger mit gleichen Rechten und Pflichten wie alle anderen.

Alexander Gauland (AfD):

»Die Leute finden ihn als Fußballspieler gut. Aber sie wollen einen Boateng nicht als Nachbarn haben.«

Quelle: Alexander Gauland in der Frankfurter Allgemeinen Sonntagszeitung vom 29. Mai 2016

Alexander Gauland fühlte sich ungerecht behandelt. Regierungssprecher Steffen Seibert hatte seine von der *Frankfurter Allgemeinen Sonntagszeitung* zitierte Aussage über den Nationalspieler Jérôme Boateng als »niederträchtigen und traurigen Satz« verurteilt. Das Gespräch, aus dem die Zeitungsredakteure zitierten, sei gar nicht als Interview, sondern nur als Hintergrundgespräch vereinbart gewesen, so Gauland. Nach journalistischer Gepflogenheit darf aus solchen Gesprächen nicht direkt berichtet werden. *Die Zeit* zitierte aus einer Mail, mit der sich Gauland vor seinen Anhängern rechtfertigte. Darin gibt er an, sowohl der Name Boateng als auch der Fußballsport seien ihm weitgehend fremd – räumt aber auch ein, das gefallene Zitat über die Nachbarschaft möge durchaus gefallen sein. »Gauland beleidigt Boateng« titelte die *Frankfurter Allgemeine Sonntagszeitung*. Erst durch diese Überschrift habe seine ansonsten richtige Aussage einen Dreh ins Rassistische bekommen, meinte Gauland.

War Alexander Gauland also Opfer einer schmutzigen Medienkampagne geworden? *FAS*-Redakteur Eckard Lohse stellte klar, er habe in dem Gespräch nicht den Eindruck gewonnen, dass Gauland nicht wusste, wer Boateng ist. Der Innenverteidiger des FC Bayern München war schließlich mit der deutschen Fußball-Nationalmannschaft Weltmeister geworden. Jeder kleine Junge wusste danach, wer Boateng ist. Gauland aber gab sich unwissend und behauptete in der Polit-Talkshow von Anne Will allen Ernstes, nicht gewusst zu haben, dass Boateng dunkelhäutig ist. Das habe ihm erst seine Parteifreundin Beatrix von Storch verraten. Von den Zeitungsredakteuren fühlte er sich reingelegt.[15] Welchen Sinn seine Aussage ohne Kenntnis von Boatengs Aussehen gehabt haben soll, erklärte Gauland nicht.

Das öffentlich-rechtlich ausgetragene Theater um fehlende Autorisierung von Zitaten und seine angebliche Ahnungslosigkeit war ein Manöver Gaulands, um vom eigentlichen Kern abzulenken. Entlarvend sind vielmehr seine Rechtfertigungen, wonach es ihm ja nur um die Beschreibung existierender Gefühle von Menschen gegangen sei. Gauland gab vor, nur auszusprechen, was ohnehin alle denken würden. Nämlich einen wie Boateng nicht zum Nachbarn haben zu wollen. Der Rassismus versucht sich in diesem Fall durchsichtigerweise hinter einer behaupteten anonymen Mehrheit zu verstecken, für die Gauland zu sprechen vorgab. »Die Leute« sähen das angeblich so. Sie werden von Gauland vorgeschoben. Er selbst kann sich dahinter wegducken und sich sogar noch als mutiger Verkünder unangenehmer Wahrheiten aufspielen.

Die Aussage über den unerwünschten Nachbarn Boateng ist zutiefst rassistisch. Boateng ist in Berlin geboren. Er hat eine deutsche Mutter und einen ghanaischen Vater. Anerkennung, so die perfide Botschaft, könne einer wie er zwar als Fußballer bekommen, nicht aber als Mensch. Dazugehören werde er nie. In dieser Sichtweise erscheint Rassismus als ein ganz natürliches Gefühl. Gauland selbst hat unmissverständlich klargemacht, in welchen Kategorien er denkt. Obwohl er ja angeblich so wenig von Fußball versteht, hat er sich bei anderer Gelegenheit erneut zur Fußballnationalmannschaft geäußert. Die sei nämlich schon lange nicht mehr »deutsch im klassischen Sinne«.[16] Früher war es ein Alleinstellungsmerkmal der rechtsextremen NPD, die Nationalmannschaft rassistisch infrage zu stellen. Das war zeitlich vor der AfD. Übrigens liegt Gauland bei den von ihm vereinnahmten »Leuten« gehörig daneben. Nach einer Umfrage, die Emnid seinerzeit durchführte, hätten 82 Prozent der Befragten Jérôme Boateng durchaus gern zum Nachbarn.[17]

Jörg Meuthen (AfD)

»Und wenn ich an einem Samstagmittag im Zentrum meiner Stadt unterwegs bin, mit offenen Augen, und ich gucke hin, wissen Sie, was ich dann sehe? Ich sag das wirklich ohne jede Übertreibung, aber mit großem Erschrecken: Ich sehe noch vereinzelt Deutsche. Und wenn ich darüber erschrecke, nicht aus irgendeiner Ausländerfeindlichkeit, die mir völlig fremd ist, sondern weil dieses ungeheure Maß an wie auch immer in unser Land gekommenen Migranten offensichtlich mehrheitlich aus anderen Kulturkreisen stammt, mein Land, mein Land zwangsläufig in ein anderes verwandelt, das kaum mehr etwas mit dem Land zu tun hat, in dem ich großgeworden bin.«

Quelle: Rede Meuthens auf dem Programmparteitag 22. April 2017 in Köln

Wirtschaftsprofessor Jörg Meuthen kann Deutsche am Aussehen erkennen. Behauptet er jedenfalls, wenn man seiner Parteitagsanekdote folgt. Offenbar kann er sie auch auf einen Blick von Migranten unterscheiden, die nicht nur in »ungeheurem Maß«, sondern auch auf angeblich fragwürdige Weise (»wie auch immer«) ins Land gekommen sind. Diese Fremden aus »offensichtlich mehrheitlich anderen Kulturkreisen« gehören für Meuthen nicht nach Deutschland, denn es ist sein Land, das ist ihm so wichtig zu betonen, dass er es wiederholt, und die Fremden veränderten das Land, das er für sich reklamiert, in einer Weise, dass es nichts mehr mit dem Land seiner Kindheit zu tun habe.

Man fragt sich, wen oder was Jörg Meuthen da »mit offenen Augen« gesehen hat: Kopftücher? Schwarze Haare? Dunkle Haut? Vollbärte? Bunte Gewänder? Wem auch immer der AfD-Chef begegnet sein mag – seine Anekdote erzählt mehr über seinen beschränkten Blick als über die Erblickten. Deutscher ist, wer die deutsche Staatsbürgerschaft besitzt. Punkt. Die radikale Rechte aber bestreitet das beständig und beschwört ein vormodernes Deutschtum, nach dem Motto: Deutscher kann man nicht *werden*. Am Ende läuft die Argumentation immer auf die glücklicherweise überwundene Kategorie des gemeinsamen Blutes hinaus. Es ist der ewiggestrige Versuch, die Staatsbürgerschaft zu einer bloß formalen Kategorie zu entwerten. Mit dem Ziel, zwischen vermeintlich echten Deutschen und jenen anderen zu unterscheiden, die angeblich nicht mal ein deutscher Pass zu Deutschen machen könne. Bundespräsident Frank-Walter Steinmeier hat dagegen zu Recht darauf hingewiesen, dass es keine Deutschen erster und zweiter Klasse gebe – keine echten und falschen Deutschen.

Nein, Deutsche lassen sich heutzutage nicht daran erkennen, dass sie weiß und blond sind. Will man sich nicht zynisch in geschichtsvergessener Nostalgie ergehen, verbietet es sich, die vermeintlich gute alte Zeit zum gesellschaftspolitischen Ideal zu verklären. Zur Erinnerung: Die beiden deutschen Nachkriegsgesellschaften waren aufgrund der nationalsozialistischen Vernichtungspolitik gegen Juden und andere Minderheiten so wenig pluralistisch. Meuthen beklagt indes nicht nur den Verlust eines fixen gesellschaftlichen Status quo durch Migration, sondern argumentiert in Mustern des neurechten Ethnopluralismus, der die Homogenität von Kulturen und Völkern propagiert und eine Vermischung zur politischen Todsünde erklärt. Allein dadurch, dass so viele Migranten »aus anderen Kulturkreisen« da sind, verändert sich für Meuthen »zwangsläufig« das Land dahingehend, dass kaum noch Deutsche auf den Straßen zu sehen sind und das typisch Deutsche verloren geht. Was immer das auch sein mag. Wer Menschen aber ausschließlich nach den Kategorien *deutsch* und *fremd* unterscheidet, reduziert sie nicht nur auf ihre Herkunft, sondern verschließt auch die Augen vor gesellschaftlichen Entwicklungen. Es ist dieser Blick, der es Menschen mit asiatischen oder afrikanischen Elternteilen hierzulande so schwer macht. Der sie ausschließt, stigmatisiert, für nicht zugehörig erklärt, weil sie in den Augen von Herrn Meuthen und anderen nicht deutsch genug aussehen. Unter dem Hashtag #MeTwo haben auf Twitter Tausende von ihren Erfahrungen mit Alltagsrassismus berichtet.[18] Und dafür sensibilisiert, endlich ihre doppelten Identitäten zu respektieren. Rassismus ist auch eine Strategie, um komplexe Realität und Mehrdeutigkeit in unheilvolle Eindeutigkeit zu pressen. Auf Kosten von Menschen und deren Recht auf Gleichberechtigung und Teilhabe. Als Zukunftsmodell taugt Rassismus nicht, auch wenn er mit Kindheitserinnerungen nostalgisch verbrämt wird.

Björn Höcke (AfD):

»In Afrika herrscht nämlich die sogenannte Klein-r-Strategie vor, die auf eine möglichst hohe Wachstumsrate abzielt. Dort dominiert der sogenannte Ausbreitungstyp. Und in Europa verfolgt man überwiegend die Groß-K-Strategie, die die Kapazität des Lebensraums optimal ausnutzen möchte. Hier lebt der Platzhalter-Typ. Die Evolution hat Afrika und Europa vereinfacht gesagt zwei unterschiedliche Reproduktionsstrategien beschert.«

»Im 21. Jahrhundert trifft der lebensbejahende afrikanische Ausbreitungstyp auf den selbstverneinenden europäischen Platzhaltertyp.«

Quelle: Vortrag von Björn Höcke Ende November 2015 am »Institut für Staatspolitik« in Schnellroda

Bei seinem Freund, dem neurechten Ideologen Götz Kubitschek im sachsen-anhaltinischen Schnellroda, hat Björn Höcke in denkwürdiger Weise eine Art Rassentheorie verbreitet. Mit pseudowissenschaftlichem Gestus und in der selbstentlarvenden Pose des Welterklärers doziert Höcke über einen »lebensbejahenden afrikanischen Ausbreitungstyp«, dem er den »selbstverneinenden europäischen Platzhaltertyp« entgegenstellt. Für dieses krude rassistische Konstrukt bedient sich Höcke bei der Biologie, wo tatsächlich zwischen zwei Fortpflanzungsstrategien unterschieden wird.[19] Manche Tiere produzieren möglichst viele Nachkommen, investieren wenig in Brutpflege und hoffen, dass einige wenige Individuen durchkommen. Andere bekommen nur wenige Junge, die sie mit hohem Aufwand hegen und pflegen. Ein Beispiel für die r-Strategie ist die Blattlaus. Ein typischer k-Stratege ist der Löwe. Höcke überträgt nun die Lehre von den Reproduktionsstrategien aus dem Tierreich auf den Menschen. Was Biologen auf Löwen und Blattläuse beziehen, überträgt Höcke auf Europäer und Afrikaner. Letztere pflanzen sich munter fort, Europäer eher nicht. Es fällt schwer, diese absurde Laienbiologie ernst zu nehmen. Sie nicht unter unfreiwilliger Realsatire zu verbuchen. Da Björn Höcke nach diesem Vortrag aber nicht nur nicht aus der AfD ausgeschlossen wurde, sondern einige Jahre später in Thüringen sogar von einem Viertel der Wähler gewählt wurde, verbietet sich das. Vielmehr lässt diese Version einer Rassenlehre Rückschlüsse darauf zu, wie sich

Höcke die Welt erklärt. Sexualität und Familienplanung haben in diesem Weltbild nichts mit sozialen Umständen und individuellen Entscheidungen zu tun, sondern resultieren aus der Evolution von Menschentypen, die kategorisch voneinander getrennt sind. Hier Ausbreitungstyp, da Platzhaltertyp. Europäer. Afrikaner. Unvereinbar. Mensch ist hier nicht gleich Mensch, sondern er tritt in Typen auf. Früher sagte man Rassen.

Schockierend ist, dass Höcke dieser offene Rassismus nicht geschadet hat. Im Gegenteil. Ja, die AfD-Spitze um die mittlerweile geschasste Frauke Petry und Jörg Meuthen hat Höcke dafür gerügt. Partei-Chef Meuthen erklärte Höckes Aussagen für »sachlich unsinnig«, ohne wissenschaftliche Substanz. Mehr nicht. Höcke blieb in der AfD und baute danach sogar seine Machtbasis in der Partei aus. Seitdem muss sich die AfD die Positionen Höckes zurechnen lassen. Selbst kategorischer Rassismus hat seinen festen Platz in der Partei und keine ernsthaften Konsequenzen für deren Repräsentanten. Bemerkenswert auch, wie viele Journalisten angesichts des eindeutigen Befunds herumeierten. Anstatt den Rassismus klar als solchen zu benennen, war häufig lediglich davon die Rede, dass Höckes Vortrag als rassistisch kritisiert werde. Solche Unsicherheiten und Ängstlichkeiten bei der Analyse tragen zur Normalisierung menschenverachtender Positionen bei.

Die Rede vom »afrikanischen Ausbreitungstyp« hatte alle Zutaten, um danach demonstrativ Grenzen zu setzen. Aber weder der AfD noch der demokratischen Öffentlichkeit ist es gelungen, Björn Höcke in die Schranken zu weisen. Stattdessen stieg Höcke innerhalb der AfD zum starken Mann auf, und Rassismus wurde als eine – wenn auch bisweilen schräge – Meinung unter vielen verbucht.

Joachim Kuhs (AfD):

»Mit Zustimmung der Altparteien wird die Afrikanisierung unserer Kultur forciert.«

Quelle: Pressemitteilung von Joachim Kuhs, Bundesvorstandsmitglied der AfD vom Mai 2020

Ohne das neurechte Konstrukt vom Ethnopluralismus, der Kultur als statische, homogene und kollektive Einheit versteht, die jedem Volk ein unabänderliches Korsett formt, lässt sich die Angstmacherei des AfD-Politikers Kuhs kaum verstehen. Ähnlich wie die von rechter Seite permanent unterstellte »Islamisierung« beinhaltet auch die behauptete »Afrikanisierung« im Kern die Vorstellung einer »Überfremdung« der eigenen, deutschen Kultur. Dazu muss man wissen, dass Überfremdung zunächst ein wirtschaftswissenschaftlicher Begriff war, der den Anteil von Fremdkapital an einem Unternehmen bezeichnete. Es waren die Nationalsozialisten, die den Begriff in seiner völkischen Bedeutung im Jahr 1934 als »Eindringen Fremdrassiger« in den Duden schreiben ließen. Entsprechend geht es Kuhs in seiner Pressemitteilung »um die Zerstörung der abendländischen Kultur und des Erbes unserer Geschichte«. Im Klartext: Es geht um ein rassistisches Reinheitsideal, das bewahrt werden soll.

Wie genau man sich eine solche »Afrikanisierung« vorstellen muss, bleibt natürlich offen. Afrikanisiert man mit Trommel-Musik, Religion, Tradition oder Sprache? Oder durch eine »falsche« Hautfarbe? Afrikanisieren weiße Christen weniger als schwarze Muslime? In der Pressemeldung wird deutlich, was Kuhs eigentlich meint: Migration. Er zitiert einen über zehn Jahre alten Artikel der britischen Boulevardzeitung *Daily Express*, demzufolge die EU angeblich »Millionen von Afrikanern in Westeuropa« ansiedeln wolle. Im apokalyptischen Sound rechter Untergangsrhetorik warnt Kuhs vor einer neuen »Flüchtlingswelle«. Migranten werden in dieser Metapher entmenschlicht und als Teil einer bedrohlichen Masse beschrieben. Diese ultimative Bedrohung schmückt Kuhs mit allerlei Verschwörungsgeraune aus. Da werden »mit öffentlichen Geldern gesponserte Migranten-Direktflüge aus Afrika nach Westeuropa« angeprangert. Humanitäre Hilfe für minderjährige Geflüchtete wird als »Umsiedlung von Flüchtlingskindern unter dem Vorwand von Mitmenschlichkeit, Toleranz und Barmherzigkeit« diskreditiert. Nichtstaatliche Organisationen wie Caritas und Rotes Kreuz werden zusammen mit den Amtskirchen als »überwiegend linke Kräfte« in einen Topf geworfen. Der Feind steht links, betreibt »Afrikanisierung« und besteht aus EU und Bundesregierung sowie »allen anderen Parteien – außer der AfD«.

In diesem Freund-Feind-Denken wird alles zu einem wirren Bedrohungsbrei vermengt: Die Lage minderjähriger Geflüchteter in Europa, Migration aus Afrika, humanitäre Hilfe. Retten kann das derart dem Untergang geweihte Deutschland nur eine »politische Wende«. Denn »nur die AfD setzt sich für die Menschen in Deutschland ein«. Vor selbst ernannten Rettern, die sich als politisches Allheilmittel anpreisen und alle anderen politischen Akteure verteufeln, ist erfahrungsgemäß besondere Vorsicht geboten.

André Poggenburg (AfD, mittlerweile aus der Partei ausgetreten):

»Und ganz, ganz unverschämt fand ich noch Folgendes: Da hat sich doch tatsächlich die türkische Gemeinde in Deutschland herabgelassen und ebenfalls wie die Linken gezetert, gegen dieses geplante Heimatministerium, und lehnt dieses mit dem Hinweis auf unsere deutsche Geschichte ab.«

(...)

»Diese Kameltreiber sollen sich dorthin scheren, wo sie hingehören. Weit, weit, weit hinter den Bosporus zu ihren Lehmhütten und Vielweibern. Hier haben sie nichts zu suchen und nichts zu melden. Punkt.« (Stehende Ovationen in der Halle)

Quelle: Rede von André Poggenburg beim Politischen Aschermittwoch der AfD im sächsischen Nentmannsdorf am 14. Februar 2018

Als André Poggenburg seine Rede beim Politischen Aschermittwoch in Sachsen hielt, war er nicht irgendwer, sondern Landesvorsitzender der AfD in Sachsen-Anhalt. Ausgangspunkt für seine Tirade war Kritik türkischer Verbände an dem seinerzeit geplanten neuen Heimatministerium. Poggenburg nahm das zum Anlass, Türken in enthemmtem Rassismus als »Kameltreiber« zu verunglimpfen. Nicht nur das, er sprach ihnen gar das Existenzrecht in Deutschland ab. Ihr Platz sei weit hinter dem Bosporus. Das folgt der dumpfen Parole: Türken raus! Seine rassistische Abwertung treibt Poggenburg auf die Spitze, indem er den Türken ärmliche und archaische Stereotype andichtet: Lehmhütten und Vielweiber. Die Hasstirade endet damit, dass Poggenburg hierzulande lebenden Türken das Recht abspricht, hier zu leben und sich gleichberechtigt zu Wort melden zu dürfen. So werden Türken in wenigen Sätzen als minderwertig und rückständig hingestellt. Bezeichnend ist die Reaktion der AfD-Anhänger in der Halle. Folgt auf die zügellose Menschenverachtung eisiges Schweigen oder regt sich gar Widerspruch? Im Gegenteil: Die überwiegend männlichen AfD-Anhänger reißt es geradezu von den Sitzen. Poggenburg wurde für seine Hassrede mit stehenden Ovationen gefeiert. Offener Rassismus ist in der AfD identitätsstiftend.

Ebenfalls bezeichnend ist, wie die AfD offiziell reagierte. Der Bundesvorstand mahnte Poggenburg ab – die mildeste

Ordnungsmaßnahme, die von der Parteisatzung vorgesehen ist. Parteiinterne Kritiker sprachen lediglich davon, der ostdeutsche Landeschef sei zu weit gegangen oder habe eine Dummheit begangen. Verharmlosungen also. Alles nicht so schlimm. Als Partei- und Fraktionschef in Sachsen-Anhalt trat Poggenburg schließlich selbst zurück. Erst nachdem Poggenburg später in einem Neujahrsgruß in Anlehnung an nationalsozialistische Sprache den Mitbürgern »unserer Volksgemeinschaft« ein patriotisches neues Jahr gewünscht hatte, verhängte der Bundesvorstand der AfD eine Ämtersperre gegen ihn. Ein Jahr nach seiner rassistischen Hassrede verließ Poggenburg schließlich von selbst die AfD. Wie so oft hat die viel kritisierte menschenverachtende Enthemmung – in diesem Fall gegen türkische Mitbürger – bei der AfD keine inhaltlichen Konsequenzen bewirkt. Der beunruhigende Befund: Wer in dieser Partei öffentlich gegen Menschen als »Kameltreiber« hetzt, wird dafür gefeiert. Da kocht der Saal. Doch dieser Skandal ging unter. Die mediale Betrachtung folgte vielmehr dem üblichen Muster: heftige Kritik von der einen und halbherzige Distanzierung durch AfD-Politiker auf der anderen Seite. Das war's. Keiner hinterfragte, was die Begeisterung der AfD-Anhänger über den Zustand der Partei aussagt. Und warum ein derart radikaler Politiker in der AfD Landesvorsitzender werden kann. Ein Jahr vor der »Kameltreiber«-Rede hatte Poggenburg im Landtag von Sachsen-Anhalt gegen »linksextreme Lumpen« an deutschen Hochschulen gehetzt, die »praktischer Arbeit zugeführt werden« sollten.[20] Das weckt Erinnerungen an Gewaltregime und Zwangsarbeit in Lagern. Seinerzeit sprach Poggenburg von einer »Wucherung am deutschen Volkskörper«, was zu Recht als Anlehnung an NS-Rhetorik kritisiert wurde. Schon damals hätte die AfD handeln müssen. Sie tat es nicht. Sie hielt an Poggenburg fest, bis er selbst ging.[21]

Björn Höcke (AfD):

»In den letzten vier Jahrzehnten, sehr geehrte Kollegen Abgeordneten, hat sich die Güterproduktion vervierfacht, die Geldmenge im gleichen Zeitraum versechsundvierzigfacht. Unser Geldsystem ist krank, und es muss grundlegend reformiert werden, damit sich Leistung und Ehrlichkeit wieder lohnen und nicht Schläue und Verschlagenheit. Es darf nicht sein, dass mithilfe von Corona einfach die Reset-Taste gedrückt wird und das Spiel, das vor allen Dingen die Enteignung des Mittelstandes zugunsten einer kleinen globalen Schicht Superreicher bedeutet, von vorn beginnt.«

Quelle: Rede von Björn Höcke am 8. Mai 2020 im Thüringer Landtag

Vordergründig geht es in der Rede um die Finanzwirtschaft. Bemerkenswert ist, zu welchem Anlass Björn Höcke über das »Geldsystem« sprach: nämlich am 8. Mai, jenem Tag, an dem traditionell an das Ende von Nazi-Deutschland erinnert wird. 75 Jahre nach dem Tag der Befreiung vom mörderischen NS-Regime sprach Höcke im Thüringer Landtag davon, dass »unser Geldsystem« krank sei. Auf der Inhaltsebene benannte der Thüringer AfD-Chef das Missverhältnis zwischen Geldmenge und Güterproduktion. Bemerkenswert ist jedoch, was und wen er dafür verantwortlich macht und welche Worte er dafür wählt. Denn Höcke benennt keine konkreten Systemfehler oder falsche politische Richtungsentscheidungen, sondern Charaktereigenschaften, die als Code funktionieren: »Schläue und Verschlagenheit«.

In ihrem Buch »Die Sprache der Judenfeindschaft im 21. Jahrhundert« benennen die Autoren Monika Schwarz-Friesel und Jehuda Reinharz klassische antisemitische Stereotype.[22] Demnach werden Juden beharrlich mit Attributen wie »Verschlagenheit, ränkeschmiedende Falschheit und Listigkeit« beschrieben. Die Autoren zitieren aus einer klassischen antisemitischen Schrift aus dem 19. Jahrhundert, wonach »der Jude« nicht arbeite, sondern spekuliert. Das Zentrum seiner Geschäftemacherei sei die Börse. Moderne Antisemiten verwenden bisweilen Anspielungen auf die Ostküste als Sitz der New Yorker Börse und eine globale Finanzelite. Höcke erwähnt in seiner Rede mit keinem Wort namentlich Juden. Doch er verwendet ein Vokabular, das von Antisemiten wie ein Code verstanden werden kann. Im demokratischen Diskurs verbietet es sich, antisemitische Stereotype zu benutzen.

Tino Chrupalla (AfD):

»Die Ereignisse in den #USA zeigen erneut, in welcher Sackgasse multikulturelle Einwanderungsländer enden. Gewalt, Tote, bis an die Zähne bewaffnete Sicherheitskräfte. Solche Zustände müssen uns erspart bleiben. Für ein friedliches Deutschland. Deshalb #AfD.«

Quelle: Tino Chrupalla, zusammen mit Jörg Meuthen Bundessprecher der AfD, via Twitter am 2. Juni 2020 (mittlerweile gelöscht)

Acht Minuten und 46 Sekunden lang presste im Mai 2020 ein weißer Polizist in Minneapolis sein Knie gegen den Hals des wehrlos am Boden liegenden Afroamerikaners George Floyd, der wenig später verstarb. Ein Video von dieser tödlichen rassistischen Polizeigewalt belegt, wie der gequälte Mann wieder und wieder fleht: »I can't breathe«. Ich kann nicht atmen. Es zeigt, wie der Polizist Derek Chauvin in mitleidloser Herrenpose weiter auf seinem Opfer kniet. Und wie sich sein Kollege vor Passanten aufbaut, die Chauvin vergeblich auffordern, endlich von dem Mann am Boden abzulassen. Die kalte Brutalität der Täter in Uniform, der schwarze Mann, der um sein Leben fleht, bis er unter seinem mitleidlosen Peiniger bewusstlos auf der Straße liegen bleibt – all das hat in den USA landesweite Proteste gegen rassistische Polizeigewalt ausgelöst. Am Rande friedlicher Demos kam es auch zu Plünderungen. US-Präsident Donald Trump drohte damit, das Militär gegen die Demonstranten einzusetzen und ließ martialisch uniformierte Soldaten aufmarschieren. Vermummte Soldaten vor dem Lincoln Memorial in Washington – es waren Szenen wie aus einer düsteren Dystopie.

Weltweit trugen in jenen Tagen Zehntausende Menschen ihre Solidarität unter dem Motto »JusticeForGeorgeFloyd« – Gerechtigkeit für George Floyd – und »Black lives matter« auf die Straße. In Deutschland begann eine überfällige Debatte über strukturellen Rassismus. Und AfD-Chef Tino Chrupalla? Der deutete die Ereignisse in klassischer Täter-Opfer-Umkehrung um. Nicht die tödliche Polizeigewalt und den tief verwurzelten institutionellen Rassismus machte er für die Eskalation jener Tage verantwortlich, sondern den Multikulturalismus. Der Hinweis auf die Sackgasse, in der »multikulturelle Einwanderungsländer enden«, ist geschichtsvergessen, denn er blendet die amerikanischen Ursünden aus. Die mörderische Unterwerfung der indigenen Völker durch weiße Einwanderer genauso wie die Sklaverei. Denn es waren ja nicht schwarze Migranten, die freiwillig einwanderten, um eine friedliche weiße Mehrheitsgesellschaft zu zerstören. Vielmehr wurden Menschen aus Afrika verschleppt und versklavt. Bis heute sind Schwarze in den USA eklatant benachteiligt. Sie verdienen weniger, erhalten schlechtere medizinische Versorgung, sterben häufiger durch Polizeigewalt.

Angesichts von tödlichem Rassismus versteigt sich Chrupalla dazu, eine Unvereinbarkeit verschiedener Kulturen

– womit letztlich wohl eher Hautfarben gemeint sein dürften – zu konstruieren. Tote und Gewalt blieben Gesellschaften erspart, wenn sie nur auf Multikulturalismus und Einwanderung verzichteten, so die zynische Schlussfolgerung. In diesem Weltbild trifft weiße Rassisten keine Schuld, nicht mal dann, wenn sie einen Schwarzen auf grausame Weise töten. Die Vision des AfD-Chefs »für ein friedliches Deutschland« zielt auf das monströse Ideal ethnischer Homogenität, dessen Umsetzung unweigerlich den Einsatz von rassistisch motivierter staatlicher Gewalt erfordert.

Zitat von Jörg Meuthen:

»Rassismus ist nirgends & ggü. niemandem hinnehmbar; unsere Bürgerpartei lehnt daher JEDE Form von Rassismus kategorisch ab. Zur ganzen Wahrheit gehört aber auch: Längst findet Rassismus auch gegenüber uns Deutschen statt.«

Quelle: Jörg Meuthen (AfD) via Twitter am 8. Juni 2020

Auch der zweite AfD-Chef schaltete sich in die Rassismus-Debatte nach dem gewaltsamen Tod des schwarzen US-Bürgers George Floyd ein und fragte: »Was ist mit Rassismus gegen Deutsche?« Ja, deutsche People of Colour werden hierzulande rassistisch beleidigt, diskriminiert und aufgrund ihres Aussehens Opfer von Gewalt. Ebenso Juden aufgrund ihrer Religion. Zuletzt verzeichneten die Sicherheitsbehörden einen drastischen Anstieg antisemitischer Straftaten. In der Corona-Krise wurden asiatisch aussehende Menschen als Viren-Überträger angefeindet. Einige beschrieben, wie sie von Unbekannten mit Desinfektionsmitteln besprüht wurden. Aber all das hatte Professor Jörg Meuthen offenkundig gar nicht im Sinn, als er Rassismus gegen Deutsche beklagte. Sein Thema war gar nicht Bedrohung, Gewalt und strukturelle Benachteiligung aufgrund von Hautfarben und anderen Zuschreibungen. Vielmehr stilisierte er sich und die weiße deutsche Mehrheitsgesellschaft selbst zum Opfer eines Rassismus »gegenüber uns Deutschen«.

Nicht nur, dass Deutsche für Jörg Meuthen offenbar nur weiß sein können. Mit Rassismus hat die Opferrolle, die er Deutschen zuweist, nun aber auch gar nichts zu tun. Historisch betrachtet ist Rassismus als Theorie zum Beweis weißer Überlegenheit entstanden. Alltagsrassismus wendet sich gegen Minderheiten, die aufgrund kollektiver Zuschreibungen als nicht zugehörig stigmatisiert, benachteiligt, ausgegrenzt oder angegriffen werden. Die Behauptung eines weißen deutschen Mannes, selbst Opfer von Rassismus zu sein, verhöhnt die wirklich Betroffenen geradezu. Diejenigen, die keine Wohnung bekommen, weil sie keinen deutschen Namen haben. Die am Einlass einer Bar oder eines Clubs abgewiesen oder angegriffen werden, weil sie Vermietern oder Türstehern nicht weiß oder deutsch genug aussehen. Meuthens Haltung zeigt seine Blindheit gegen das täglich durch Rassismus geschaffene Leid und Unrecht und verhindert, dass Rassismus überhaupt als strukturelles Problem wahrgenommen wird. Die Ächtung von Diskriminierung wird unmöglich. Gleichberechtigung zu erreichen ebenfalls. Wer im Kontext eines schwarzen Opfers tödlicher rassistischer Polizeigewalt ernsthaft über Rassismus gegen weiße Deutsche sprechen will, schließt sich selbst aus dem ernsthaften Diskurs aus.

Die Revision deutscher Geschichte

Björn Höcke (AfD):

»Bis jetzt ist unsere Geistesverfassung, unser Gemütszustand immer noch der eines total besiegten Volkes. Wir Deutschen – und ich rede jetzt nicht von euch Patrioten, die sich hier heute versammelt haben – wir Deutsche, also unser Volk, sind das einzige Volk der Welt, das sich ein Denkmal der Schande in das Herz seiner Hauptstadt gepflanzt hat.«

»Und diese dämliche Bewältigungspolitik, die lähmt uns heute noch viel mehr als zu Franz Josef Strauß' Zeiten. Wir brauchen nichts anderes als eine erinnerungspolitische Wende um 180 Grad.«

»Man wollte uns mit Stumpf und Stiel vernichten, man wollte unsere Wurzeln roden. Und zusammen mit der dann nach 1945 begangenen systematischen Umerziehung hat man das auch fast geschafft.«

Quelle: Rede von Björn Höcke im »Brauhaus Watzke« am 17. Januar 2017 in Dresden

AfD und Neue Rechte weisen immer wieder empört eine wie auch immer geartete Nähe zum Nationalsozialismus zurück. Trotzdem kann die radikale Rechte thematisch nicht von der Nazi-Zeit lassen. Eine Wiederbelebung völkisch-nationalistischer Ideologie und bewusstes Anknüpfen an deutsche Traditionslinien, die in der NS-Diktatur mündeten, ist aufgrund der nationalsozialistischen Gräueltaten von Staatsterror bis zum Holocaust nicht so einfach durchzusetzen. Deshalb braucht vor allem die AfD die große Revision der deutschen Geschichtsschreibung, um die vollständig diskreditierte völkische Ideologie revitalisieren zu können. Folgerichtig hat Björn Höcke einen Frontalangriff auf die deutsche Erinnerungskultur losgetreten. Auschwitz soll als zentrale historische Mahnung und Fixpunkt staatlicher Verantwortung ausgelöscht werden. Höckes Dresdner Rede markiert eine Zäsur. Weil sie offen mit dem bundesrepublikanischen Selbstverständnis bricht: mit jener Staatsräson nämlich, die aus dem Bekenntnis zu einmaliger deutscher Schuld ableitet: Nie wieder!

Damit die AfD den gesellschaftlichen Umgang mit der NS-Zeit fundamental neu ausrichten kann, müssen zunächst die historischen Errungenschaften der Bundesrepublik zu einer Erzählung von Demütigung, Identitätsverlust und totalem Untergang umgedeutet werden. »Unser Gemütszustand« sei der »eines total besiegten Volkes«, so Höcke. Das ist in doppelter Hinsicht unsinnig. Zum einen verrät diese Behauptung, wie kollektivistisch Höcke denkt. Bei ihm ist die Befindlichkeit nicht individuell und damit höchst verschieden, je nach persönlicher, beruflicher oder sozialer Lage, sondern kollektiv. Wir, das Volk, fühlt sich angeblich kollektiv total besiegt. Eine Zustandsbeschreibung, die nichts mit dem Lebensgefühl der allermeisten Menschen in diesem Land zu tun hat. Die Begründung für die attestierte psychische Niedergeschlagenheit liefert Höcke gleich mit: weil es den Alliierten durch »Umerziehung« beinahe gelungen sei, uns mit »Stumpf und Stiel [zu] vernichten« und »unsere Wurzeln [zu] roden«. Das ist nichts anderes als eine sprachlich entfesselte Geschichtsklitterung. Schließlich haben die Alliierten Deutschland nicht dem Morgenthau-Plan entsprechend in einen Agrarstaat verwandelt, sondern mithilfe des Marshall-Plans wieder aufgebaut und im Westen wirtschaftlichen Erfolg und die parlamentarische Demokratie auf den Weg gebracht. Es ist verräterisch, dass der dafür notwendige Bruch mit dem Nationalsozialismus und seinen ideologischen Quellen als Rodung deutscher Wurzeln beschrieben wird. An dieser Stelle wird deutlich, wie wenig Höcke mit dem westlichen Demokratiemodell anfangen kann und wie sehr er sich einem urdeutschen, unheilvollen Nationalismus verpflichtet fühlt.

Diese Vorarbeit, die demokratische west- und später gesamtdeutsche Erfolgsgeschichte nach dem Zweiten Weltkrieg in eine von Demütigung und Erniedrigung umzuschreiben, ist für die radikale Rechte notwendig, um ihr eigentliches Ziel verfolgen zu können: den radikalen Bruch mit der bundesdeutschen Erinnerungskultur, um jenen völkischen Nationalismus wiederbeleben zu können, der durch die NS-Verbrechen ein für allemal diskreditiert ist. Das Symbol schlechthin für das deutsche Bekenntnis zur Verantwortung für den Holocaust ist das Denkmal für die ermordeten Juden Europas unweit von Reichstag und Brandenburger Tor in Berlin. Jedes Jahr spüren mehrere Hunderttausend Besucher nicht nur der beklemmenden Ästhetik zwischen den Stelen des Architekten Peter Eisenman nach, sondern auch den akribisch dokumentierten Schicksalen ermordeter jüdischer Familien in der zugehörigen Ausstellung. Das sogenannte Holocaust-Mahnmal ist das unübersehbare Statement des demokratischen Deutschlands, dass der Zivilisationsbruch von Auschwitz ein bleibender Auftrag für uns nachgeborene Deutsche ist, an der Staatsräson festzuhalten, die lautet: Nie wieder!

Genau dieses Symbol aber prangert der AfD-Scharfmacher an: Deutschland sei »das einzige Volk der Welt, das sich ein Denkmal der Schande in das Herz seiner Hauptstadt gepflanzt« habe. Die Genitiv-Konstruktion »Denkmal der Schande« ist doppeldeutig genug für Ausreden. Aber im Kontext der Rede wird unmissverständlich klar, dass nicht etwa gemeint ist: Denkmal zur Erinnerung an die Schande. Nein, der Redner transportiert die Botschaft, dass es eine Schande sei, ein solches Denkmal in der Hauptstadt zu errichten. In Berlin, im Herzen Deutschlands, hat das Gedenken an den Holocaust nichts verloren, suggeriert der AfD-Politiker. Wobei es ihm weniger um die geografische Lage als vielmehr um das Symbol für den Mittelpunkt der deutschen Nation geht. Die Bemühungen um würdiges Gedenken, historisches Wissen über Ursachen, Abläufe und Opfer des Völkermordes sowie politische Aufklärung und Bildung werden als »dämliche Bewältigungspolitik« diffamiert, die uns angeblich »lähmt«. Tatsächlich verbietet sich als Konsequenz aus Auschwitz das, wofür Höcke steht: völkischer Nationalismus. Also will er sich von diesen lästigen historischen Fesseln befreien. So weit, so durchsichtig.[23]

Dann holt Höcke zum rhetorischen Schlag aus und formuliert, was seither als geschichtspolitischer Kurs der AfD gelten kann und fordert »eine erinnerungspolitische Wende um 180 Grad«. Was ist damit gemeint? Nimmt man den beurlaubten Geschichtslehrer Höcke beim Wort, fordert er nicht weniger als das komplette Gegenteil all dessen, was hierzulande bisher erinnerungspolitischer Konsens war. Also konkret: Schluss mit dem Verantwortungsbewusstsein für die deutsche Schuld an millionenfachem Leid durch Vernichtungskrieg und Völkermord. Schluss mit einer Staatsräson, die Auschwitz nicht nur als bleibende deutsche Schuld, sondern auch als Verantwortung für eine respektvolle demokratische Zukunft begreift. Aber was stattdessen? An anderer Stelle hat er das angedeutet. Deutscher Glanz und deutsche Größe, eine »tausendjährige Zukunft« für Deutschland, wie er es in sprachlicher Anlehnung an das von den Nazis propagierte »Tausendjährige Reich« formuliert hat.[24] Sich dem einzigartigen Menschheitsverbrechen der Shoah zu stellen und daraus zu lernen, war ein langer Weg und er bleibt es. In der alten Bundesrepublik wie auch in der DDR gab es Verdrängung und zum Ritual erstarrtes Gedenken. Es gab beschämende Kontinuitäten von Personen und Überzeugungen. Aber es war und ist in Deutschland demokratischer Konsens, dass sich Auschwitz nicht wiederholen darf und jene Ideologie, die dem Staatsterror den Weg bereitet hat, zu ächten ist. Eine erinnerungspolitische Rolle rückwärts sollte das gefährliche und verantwortungslose Hirngespinst eines Politikers bleiben, der mit der Werteorientierung dieses Landes brechen will.

Jens Maier (AfD):

»Uns wurde doch immer eingeredet, vor allem von den Westalliierten, dass wir Sauhunde, Verbrecher wären, dass wir nichts wert sind. Diese ganze gegen uns gerichtete Propaganda und Umerziehung, die uns einreden wollte, dass Auschwitz praktisch die Folge der deutschen Geschichte wäre.«

»Ich erkläre hiermit diesen Schuldkult für beendet, für endgültig beendet.«

Quelle: Rede von Jens Maier am 17. Januar 2017 im Brauhaus Watzke in Dresden

Der aus Westdeutschland stammende Richter Jens Maier schlug im Ball- und Brauhaus Watzke einen Ton an, dessen inhaltliche Schärfe lange dem geschichtsrevisionistischen

Milieu der NPD vorbehalten war. Die bundesdeutsche Erinnerungskultur mit Auschwitz als Bezugspunkt ist für Maier ein »Schuldkult«.[25] Das unterstellt, dass von wem auch immer die deutsche Schuld am Holocaust mit quasireligiösem Eifer behandelt werde. Angesichts der Monstrosität des bürokratisch organisierten und industriell realisierten Völkermordes an Juden, Sinti und Roma und anderen wirkt das Wort »Schuldkult« auf vulgäre Weise flapsig. Es delegitimiert ein Gedenken an die Opfer und muss für deren Nachgeborene wie Hohn klingen. Diesen »Schuldkult« also erklärt Maier »für endgültig beendet«. Was ausgerechnet ihn dazu berechtigt, einen Schlussstrich unter die Beschäftigung mit dem Nazi-Terror zu setzen, bleibt offen.

Bizarr mutet die Herleitung seiner vollmundigen Schlussstrich-Phrase an. »Uns« wurde angeblich von den Alliierten eingeredet, dass wir wertlose »Sauhunde« und »Verbrecher« wären. Diese Selbstviktimisierung als Opfer westlicher Propaganda in vulgärem Ton widerspricht so offenkundig den historischen Fakten, dass sie wie eine platte Verschwörungsideologie daherkommt. Schließlich waren es die ach so bösen Alliierten, die dem Westen Deutschlands den Weg zu staatlicher Souveränität und späteren Mitgliedschaften in der Europäischen Gemeinschaft sowie der Nato ebneten. Das war unzweifelhaft auch strategisch begründet, um den neuen westdeutschen Staat sicherheitspolitisch einzuhegen und im Kalten Krieg gegen den Ostblock an seiner Seite zu wissen. Die Deutschen wurden nach millionenfachem, von ihren Landsleuten verursachtem Mord und Leid durch Vernichtungskrieg und Holocaust eben nicht dauerhaft aus der Weltgemeinschaft ausgeschlossen oder an den Pranger gestellt. Die alte Bundesrepublik wurde niemals als Pariastaat behandelt. Vielmehr wurden die Deutschen erstaunlich schnell zurück in die Weltgemeinschaft geholt, was sicher auch mit der Rolle Deutschlands als Frontstaat im aufziehenden Kalten Krieg zu tun hatte. Aus Feinden wurden Partner und bisweilen sogar Freunde. Man denke nur daran, wie der französische Staatspräsident François Mitterrand und Kanzler Helmut Kohl in Verdun Hand in Hand für alle sichtbar Freundschaft zwischen ehemaligen Erzfeinden zelebrierten. Angesichts der vielen NS-Täter, die nicht juristisch zur Rechenschaft gezogen wurden, ist es geradezu grotesk zu beklagen, Deutsche seien pauschal zu Verbrechern erklärt worden. Jens Maier hat in Dresden einen Opfermythos konstruiert, der verdeutlicht: Höcke ist kein Einzelfall. Die AfD will den gesellschaftlichen Konsens über den Umgang mit der nationalsozialistischen Terrorherrschaft und dem Holocaust zertrümmern. Schlussstrich statt Gedenkkultur. Geschichtsvergessener Patriotismus statt historischer Verantwortung.

Alexander Gauland (AfD):

»Man muss uns diese zwölf Jahre jetzt nicht mehr vorhalten. Sie betreffen unsere Identität heute nicht mehr. Und das sprechen wir auch aus. Und deshalb, liebe Freunde, haben wir auch das Recht, uns nicht nur unser Land, sondern auch unsere Vergangenheit zurückzuholen. Wenn die Franzosen zu Recht stolz auf ihren Kaiser sind und die Briten auf Nelson und Churchill, haben wir das Recht, stolz zu sein auf die Leistungen deutscher Soldaten in zwei Weltkriegen.«

Quelle: Rede von Alexander Gauland beim Kyffhäusertreffen am 2. September 2017

Gaulands Wort vom »Vogelschiss« ist rauf und runter zitiert worden. Viel weniger beachtet wurde eine Aussage, die in letzter Konsequenz als eine Verherrlichung des Nationalsozialismus gelten kann. Aber der Reihe nach. Was der ehemalige Parteichef und einflussreiche Ehrenvorsitzende der AfD beim Kyffhäusertreffen formulierte, ist nicht nur eine trotzige Schlussstrich-Variante, sondern auch der Versuch, das von Deutschen verursachte millionenfache Leid durch den Zweiten Weltkrieg umzudeuten. Zunächst verzwergt Gauland den Nationalsozialismus, indem er die NS-Diktatur mit der Abschaffung der Demokratie über die Judenverfolgung, Konzentrationslager, Vernichtungskrieg bis zum Holocaust nur unscharf als »diese zwölf Jahre« zusammenfasst. Eine beliebte rechte Phrase, die der Relativierung dient. Denn sie zielt auf die vergleichsweise kurze Dauer der Terrorherrschaft und lenkt davon ab, dass die Nazis in wenig mehr als einem Jahrzehnt ganz Europa in Brand setzten und die Vernichtung der europäischen Juden mit mehreren Millionen Toten zu verantworten hatten. Nicht nur, dass Gauland diesen Zivilisationsbruch rhetorisch kleinredet, nein, er zieht auch demonstrativ den Schlussstrich. Denn für ihn betreffen die Jahre zwischen 1933 und 1945 »unsere Identität heute nicht mehr«. An die Verbrechen der Nazi-Zeit will Gauland nicht mehr erinnert werden. Damit verweigert er sich einer Haltung, die es als bleibende Aufgabe versteht, Lehren aus der NS-Herrschaft zu ziehen und Zukunft geschichtsbewusst zu gestalten.

Doch der Schlussstrich ist ihm nicht genug. Gauland pocht vielmehr auf das Recht, »unsere Vergangenheit zurückzuholen«. Zurückholen kann man freilich nur etwas, das einem zuvor genommen wurde. Gauland möchte also die deutsche Geschichte neu schreiben. Dazu greift er zu einem argumentativen Trick: indem er nämlich für die Deutschen lediglich einfordert, was Franzosen und Briten angeblich auch zusteht. Wenn erstere »zu Recht« auf den Kaiser und letztere auf Churchill stolz seien, dann hätten wir Deutsche auch das Recht, »stolz zu sein auf die Leistungen deutscher Soldaten in zwei Weltkriegen«. Diese Ableitung hat es in sich. Zunächst wird unterstellt, dass nationalistischer Stolz auf historische Staatsoberhäupter nicht nur per se legitim, sondern auch üblich sei. Dabei ist es offenbar egal, ob man stolz auf Antidemokraten (Kaiser) ist oder nicht. Bemerkenswert ist, dass Gauland seine bemühte Analogie verlässt und für Deutschland keine Führungsfigur mit Stolzgarantie benennt. So bleibt die Frage offen, ob sich seiner Meinung nach auch Adolf Hitler für diese Art von kollektivem Stolz eignet. Aber das nur nebenbei.

Entscheidend ist, was Gauland mit seinem Hinweis auf eine europäische Normalität einfordert. Nämlich »das Recht, stolz zu sein auf die Leistungen deutscher Soldaten in zwei Weltkriegen«. Man kann darüber streiten, ob das Soldatische, das Gauland hier preist, überhaupt Anlass für Stolz bietet. Schließlich bedeutet Krieg immer Tod und Leid. Aber von diesem pazifistischen Argument ganz abgesehen ist die gewünschte positive Identifikation konkret betrachtet ein ungeheuerlicher Tabubruch. Denn Gauland fordert nicht nur Stolz für die deutschen Soldaten des Ersten, sondern auch des Zweiten Weltkriegs ein. Dabei war es die Wehrmacht, die den nationalsozialistischen Vernichtungskrieg führte. Millionen Wehrmachtssoldaten seien an den Verbrechen der Wehrmacht beteiligt gewesen, bilanziert der Historiker Hannes Heer und spricht vom »täglichen Alltag des Mordens«.[26] Als Leiter der erstmals 1995 gezeigten Wehrmachtsausstellung hatte Heer maßgeblichen Anteil daran, den Mythos von der vermeintlich »sauberen Wehrmacht« zu widerlegen. Ein Meilenstein in der bundesdeutschen Geschichtsschreibung. Der Historiker weist darauf hin, dass Einsatzgruppen der SS und des Sicherheitsdienstes an der Ostfront zusammen mit der Wehrmacht marschierten und dieser logistisch unterstellt waren. Diese Einsatzgruppen hatten den Auftrag, jüdische Intellektuelle und Funktionsträger zu erschießen, dann alle männlichen Juden, später auch Frauen und Kinder. Heer spricht vom »Holocaust auf freiem Feld«, der den Vernichtungslagern vorausging. Der Holocaust ist also nicht von der Wehrmacht zu trennen. Genauso wenig wie der Zweite Weltkrieg vom NS-Regime zu trennen ist. Stolz auf die »Leistungen« der Wehrmacht einzufordern, ist daher nicht nur zynisch. Damit verherrlicht Gauland letztlich den Nationalsozialismus, in dessen Namen deutsche Soldaten in den Vernichtungskrieg zogen.

Alexander Gauland (AfD):

»Ja, wir bekennen uns zu unserer Verantwortung für die zwölf Jahre. Aber, liebe Freunde, Hitler und die Nazis sind nur ein Vogelschiss in unserer über 1000-jährigen Geschichte. Und die großen Gestalten der Vergangenheit von Karl dem Großen über Karl V. bis zu Bismarck sind der Maßstab, an dem wir unser Handeln ausrichten müssen.«

Quelle: Rede von Alexander Gauland beim Kongress der Jungen Alternative am 2. Juni 2018, zitiert nach AfD-Bundestag

Ein Vogelschiss also, mehr nicht. Abschaffung der Demokratie, Führerstaat, KZ-Terror, Nürnberger Rassengesetze, Reichspogromnacht, Angriffskriege und Judenvernichtung – für den damaligen AfD-Chef Alexander Gauland alles nur ein »Vogelschiss«. Für diese kalkulierte Relativierung der NS-Verbrechen ist Gauland zu Recht massiv kritisiert worden – von Politikern und Journalisten. Wichtig ist zu verstehen, dass der »Vogelschiss« kein Ausrutscher war, keine sprachliche Entgleisung, sondern bewusste Strategie. Wieder nennt Gauland die NS-Herrschaft »die zwölf Jahre«.[27] Ausdrücklich bekennt er sich dazu, dass die Nazi-Diktatur Teil der deutschen Geschichte ist, sogar zu einer wie auch immer gearteten »Verantwortung«, die sich daraus ergebe. Entscheidend ist aber der angelegte Maßstab. Denn im Verhältnis zu »unserer über 1000-jährigen Geschichte« schrumpft die NS-Diktatur für ihn eben zu einem »Vogelschiss«. Mit anderen Worten: Die deutsche Geschichte ist so reich, so groß, so schön, dass selbst millionenfacher Mord davor klein und unerheblich wird. Nur wenn Hitler-Deutschland auf diese Weise als historische Petitesse in die Geschichte einsortiert ist, kann an »die großen Gestalten der Vergangenheit« angeknüpft werden. Das ist die Intention hinter dem »Vogelschiss«. Gauland erklärt vermeintliche deutsche Lichtgestalten von Karl dem Großen bis Bismarck zum Maßstab des Handelns. Es geht darum, eine Kontinuität deutscher Großartigkeit zu konstruieren, die nur mal kurz von den Nazis unterbrochen wurde, die nun aber einfach fortgesetzt werden kann und soll. Genau dieser Maßstab geht aber nicht auf. Denn während der direkte Einfluss Karls des Großen auf die Gegenwart doch recht überschaubar ist, wirken die Folgen der nationalsozialistischen Terrorherrschaft und des Zweiten Weltkriegs, der anschließenden Teilung Deutschlands und des Holocaust bis heute schmerzhaft nach. Alexander Gauland hat sein Wort vom »Vogelschiss« später als »Dummheit« abgetan. Das folgt dem bekannten Muster von AfD-Politikern. Nach harscher Kritik an radikalen Aussagen beschwichtigen sie, ohne sich eindeutig inhaltlich zu korrigieren. Gauland bedauerte nur, seine Formulierung sei »missdeutbar« und damit politisch unklug gewesen.[28] Nein, sie war im Gegenteil eindeutig in ihrer Relativierung der NS-Terrorherrschaft.

Alexander Gauland (AfD):

»Der 8. Mai hat nicht das Potenzial zu einem Feiertag, weil er ein ambivalenter Tag ist. Für die KZ-Insassen ist er ein Tag der Befreiung gewesen. Aber es war auch ein Tag der absoluten

Niederlage, ein Tag des Verlustes von großen Teilen Deutschlands und des Verlustes von Gestaltungsmöglichkeit.«

Quelle: Interview mit Gauland bei Redaktionsnetzwerk Deutschland (RND) vom 6. Mai 2020

Sollte der Tag, an dem die Wehrmacht bedingungslos kapituliert hat und Nazi-Deutschland endgültig am Ende war, ein bundesweiter Feiertag werden? In einigen europäischen Ländern wie Frankreich und Tschechien wird der Sieg über das NS-Terrorregime schon seit Langem gefeiert, in Deutschland bisher nicht. Am 75. Jahrestag des Kriegsendes preschte das Land Berlin vor und beging den 8. Mai einmalig als Feiertag. Über die Frage eines bundesweiten Feiertags entbrannte eine hitzige Debatte. Die Holocaust-Überlebende Esther Bejarano, die im Gegensatz zu ihren Eltern und ihrer Schwester Auschwitz überlebte, weil sie Akkordeon in einem Mädchen-Orchester spielte und später von einem Todesmarsch fliehen konnte, findet: »Das muss gefeiert werden.«[29] Der prominenteste Widerspruch gegen einen nationalen Feiertag kam von Alexander Gauland. Seine Begründung ist bemerkenswert. Der AfD-Politiker hält den 8. Mai für einen ambivalenten Tag. Einen Tag der gemischten Gefühle also. Sicher, für die Häftlinge der Konzentrationslager treffe der Begriff der Befreiung zu. Mit dieser Zuschreibung schließt Gauland die Verfolgten des NS-Terrors explizit aus der deutschen Wir-Gemeinschaft aus. Für die nämlich habe der Tag »absolute Niederlage« und den »Verlust eines Großteils des Landes« bedeutet. Der Zusatz, was dieser Tag »auch« sei, ist ein rhetorisches Stilmittel, das einen differenzierten Blick auf den 8. Mai 1945 suggeriert, der Kernaussage aber nichts von ihrer Wucht nimmt: Das ist kein Tag zum Feiern. In dieser Perspektive sind die Deutschen in unheilvoller rechter Tradition eine kollektiv fühlende Schicksalsgemeinschaft. Für die deutsche Nation reklamiert Gauland nämlich »absolute Niederlage«. Befreiung schreibt er hingegen den »KZ-Insassen« zu. Entscheidend ist, dass Gauland für die Bewertung des historischen Tages in der demokratischen Gegenwart die Gefühle jener Kriegsgeneration zum Maßstab erklärt. Womöglich erlebten die meisten Nazis, Wehrmachtssoldaten und deren Angehörige den Tag der Kapitulation tatsächlich als Niederlage, auch wenn viele wohl eher mit ihren ganz eigenen Sorgen zu tun hatten: Hunger, Kriegsgefangenschaft, Flucht. Aber Empfindungen vom 8. Mai 1945 können nicht mehr die Grundlage für unsere Haltung sein. Die ist eben mehr als 75 Jahre nach dem Ende der nationalsozialistischen Terrorherrschaft unter Demokraten nicht ambivalent, sondern eindeutig. Aus heutiger Sicht bedeutet dieser Tag nämlich unzweifelhaft das Ende der nationalsozialistischen Terrorherrschaft. Deutschland wurde vom Nationalsozialismus befreit, was denn sonst? Dass Millionen Deutsche als Täter und Mitläufer mitschuldig wurden, ändert daran nichts. Es war keine »Stunde null«, wie so oft und so falsch gesagt wird, weil der Neuanfang die Nazi-Verbrechen ja nicht ungeschehen machte und es davon abgesehen zu viele personelle Kontinuitäten gab. Aber ohne die bedingungslose Kapitulation der Nazis wäre ein demokratischer Wiederaufbau gar nicht möglich gewesen. Um sich das klarzumachen, genügt das kurze Gedankenexperiment, wie die Welt heute wohl aussehen würde, wenn Hitlers Armeen den Zweiten Weltkrieg gewonnen hätten.

Nicht das in Deutschland vorherrschende Gefühl am Ende des NS-Regimes ist entscheidend, sondern unsere eigene reflektierte und aufgeklärte Bewertung. Wie fragwürdig Alexander Gauland historisch zurückblickt, verrät übrigens seine Bemerkung, der 8. Mai 1945 habe einen Verlust von »Gestaltungsmöglichkeit« bedeutet. Zur Erinnerung:

Bis dahin konnten in Deutschland ausschließlich Nazis gestalten. Dass deren »Gestaltungsmöglichkeit« endete, ist Grund genug zu feiern.

Zwischen rechter Verschwörungsideologie und völkischem Denken

Aus einem Positionspapier der AfD-Fraktion im Thüringer Landtag:

»Die demgegenüber geforderte ›Vielfalt‹ meint also die Beseitigung der angestammten und vertrauten Vielfalt und deren Ersetzung durch möglichst viele nicht historisch ansässige, sondern von außen kommende Gruppen. Die Ergänzung der Rede von der Vielfalt durch das Beiwort ›bunt‹ verweist explizit darauf, dass die Forderung nach Vielfalt auf die Durchmischung der Bevölkerung mit Personengruppen anderer Hautfarbe abzielt. Dieser Forderung dürfte nicht zuletzt die Verachtung des Eigenen in Form einer Verachtung der eigenen (weißen) Hautfarbe (oder des ›Weißseins‹) zugrunde liegen.«

Quelle: Leitkultur, Identität, Patriotismus. Ein Positionspapier der AfD-Fraktion im Thüringer Landtag als Beitrag zur Debatte um die deutsche Leitkultur, Erfurt April 2018

Auf den ersten Blick arbeitet sich Höckes AfD-Fraktion in ihrem Positionspapier nur an ihrem Lieblingsgegner ab: einer diffus bleibenden Multikulti-Linken mit ihrem Leitbild einer vielfältigen Gesellschaft. Aber in der Erklärung steckt weit mehr als eine bloße Abgrenzung vom verhassten Multikulturalismus. Vielmehr entlarvt sich hier ein zutiefst rassistisches Weltbild. Das lässt sich so zusammenfassen: Wir, also die Deutschen, sind weiß. Und wir müssen vor einer »Durchmischung« durch Menschen mit »anderer Hautfarbe« bewahrt werden.

Die Grundannahme dieses Weltbildes ist so einfach wie unhaltbar: ethnische Homogenität und Reinheit. Das »Eigene«, das die Thüringer AfD-Fraktion hier beschwört, ist untrennbar mit der »eigenen (weißen) Hautfarbe« verbunden. Hier geht es um eine Art der Reinrassigkeit, auch wenn in dieser modernen Variante das Wort »Rasse« gar nicht vorkommt. Rassismusforscher Christian Geulen nennt das Argumentationsmuster »Rassismus ohne Rasse«.[30] Auch wenn sich die neurechte Argumentation große Mühe gibt, auf das historisch verbrannte Vokabular zu verzichten, hat man es hier doch mit eindeutig rassistischen Kriterien zu tun. Deutsche sind Weiße – da ist man bei Blut und Boden.

Das fundamentale Missverständnis dieses Weltbildes besteht in der Annahme, dass ethnische Reinheit überhaupt möglich und sinnvoll ist. Denn die angefeindete bunte Vielfalt ist auch hierzulande längst Realität. Wir, die Deutschen, sind viele und haben ganz unterschiedliche Wurzeln. »Durchmischung« ist kein finsterer Masterplan zur Vernichtung von Völkern und Kulturen, wie gern suggeriert wird. Denn Fortpflanzung ist glücklicherweise weder das Ergebnis von Eugenik noch die Aufgabe eines völkischen Kollektivs, sondern die ureigenste, individuelle Entscheidung zweier Menschen. Wie bunt oder ähnlich es dabei zugeht, entscheidet jeder für sich. Ethnische Homogenität aber ist ohne Zwang und Gewalt gar nicht denkbar. Der Traum von einem weißen Deutschland ist nichts anderes als ein rassistischer Albtraum, dessen politische Umsetzung es unter allen Umständen zu verhindern gilt.

Björn Höcke (AfD):

»Es geht, vor dem Hintergrund einer nie dagewesenen Migration, um nichts Geringeres als unser Deutschland und unser Europa vor einem Kultur- und Zivilisationsbruch historischen Ausmaßes, ja, einer kulturellen Kernschmelze zu bewahren. Das ist unser Auftrag, und diesen Auftrag werden wir umsetzen.«

Quelle: Rede von Björn Höcke beim 3. Kyffhäusertreffen des Flügels am 2. September 2017

Mehr wortgewaltiges Drama geht nicht. Zunächst werden die hohen Flüchtlingszahlen der vergangenen Jahre als einzigartige, »nie dagewesene« Migration dramatisiert. Das lässt nicht nur die lange Geschichte weltweiter Migrationsbewegungen außer Acht, die oft in Phasen erfolgte, sondern erspart sich auch konkrete Gründe für erzwungene Flucht zu benennen wie die Kriege in Syrien oder einigen afrikanischen Regionen. UN-Berichte belegen regelmäßig, dass weltweit etwa die Hälfte der Geflüchteten vor Kriegen und Krisen fliehen. Außerdem, dass der weitaus größte Teil dieser Heimatlosen Binnenflüchtlinge sind und von den anderen wiederum die meisten in Nachbarstaaten Schutz suchen. Ohne Kontext wird die Warnung vor Migration zur Munition für Panikmache.

Eine beispiellose Migration also macht Höcke für drohende Folgen verantwortlich, die er als »Kultur- und Zivilisationsbruch historischen Ausmaßes« und kulturelle »Kernschmelze« beschreibt. Wobei Kultur und Zivilisation offenkundig als homogene, abgeschlossene Systeme verstanden werden, deren Existenz allein dadurch bedroht wird, dass die falschen Menschen, nämlich Migranten, zu uns kommen. Das entspricht der neurechten Vorstellung organisch gewachsener, abgeschotteter Völker und Kulturen, die es unter allen Umständen vor dem zerstörerischen Einfluss sogenannter kulturfremder Menschen zu bewahren gelte. Übrigens: Seit der Historiker Dan Diner den Begriff »Zivilisationsbruch« etablierte, um den NS-Völkermord an den Juden als singulär zu beschreiben, wird er üblicherweise bezüglich der Shoah verwendet. Höcke verbindet ihn nunmehr ausdrücklich mit Migration.

In der sogenannten Flüchtlingskrise der Jahre 2015 und 2016 gab es auch hierzulande überfüllte Unterkünfte und überforderte Kommunen. Die gesellschaftlichen Spannungen zwischen Befürwortern und Gegnern von Angela Merkels liberaler Flüchtlingspolitik verschärften sich rapide. Vielerorts gab es Demos gegen Geflüchtete und das Asylrecht. Die Zahl der Angriffe auf Geflüchtete und deren Unterkünfte stieg sprunghaft an. Pegida und AfD wurden groß. Die Bundesregierung taumelte, weil CSU-Innenminister Horst Seehofer mehr Grenzschutz und weniger Migranten forderte und diverse Koalitionskrisen provozierte.

Es ist unbestreitbar so, dass die Migrationsfrage das Land nachhaltig erschüttert hat. Es ging um die Richtung und um Regeln. Aber Kulturbruch? Zivilisationsbruch? Kernschmelze? Weder politische noch gesellschaftliche Abläufe oder Grundlagen unseres Zusammenlebens haben sich seither signifikant verändert, genauso wenig wie die institutionelle Verfasstheit des Landes. Das von Höcke gezeichnete Horrorszenario behauptet die Zerstörung der Kultur, ja sogar einen Bruch mit der Zivilisation – allein durch die Anwesenheit der vermeintlich falschen Menschen.[31] Das ist eine Beschreibung, die nichts mit den gesellschaftlichen Zuständen zu tun hat, auch wenn man alle Konflikte und interkulturellen Probleme, die es zweifellos gibt, einpreist. Die Metapher von der »Kernschmelze« überträgt den Fachterminus einer Atomkatastrophe auf die Frage der Migration. Eine Kernschmelze in einem Atomkraftwerk führt zum

Super-GAU, dem größten anzunehmenden Unfall, der wie seinerzeit in Tschernobyl radioaktive Verseuchung und Tod zur Folge hat. Höcke erweist sich mit seiner Horrorgeschichte nicht nur als Meister der Schwarzmalerei, sondern bietet sich natürlich auch gleich als Retter und Heilsbringer an. Indem er die Rettung der ansonsten kernschmelzenden deutschen Kultur zum historischen »Auftrag« der AfD erhebt. Wer immer ihm diesen Auftrag auch erteilt haben mag. Dieser Redebeitrag folgt dem typischen Muster selbst ernannter rechter Heilsbringer. Das Rezept: Beschwöre die ultimative Gefahr der Vernichtung herauf und erkläre dich dann zum auserkorenen Retter. Immerhin ein Viertel der Thüringer hielt das bei der letzten Landtagswahl für die beste Wahl und gab Höckes AfD ihre Stimme.

Björn Höcke (AfD):

»Unsere einst hoch geschätzte Kultur droht in einer multikulturellen Beliebigkeit zu verschwinden. (...) Es kann kein Zweifel sein, die Altparteien, die lösen unser Deutschland auf, ob sie das willentlich machen oder weil sie einfach zu blöd sind, um Politik zu betreiben. Sie lösen unser Deutschland auf wie ein Stück Seife unter einem lauwarmen Wasserstrahl, aber wir werden diesen Wasserstrahl jetzt abdrehen.«

Quelle: Rede von Björn Höcke am 13. September 2017 in Altenburg

Das Bild von Deutschland, das wie ein Stück Seife unterm Wasserstrahl verschwindet, ist ein Klassiker von Björn Höcke. Offenbar ist er von seinem Vergleich selbst so angetan ist, dass er ihn immer wieder recycelt. So am 1. Mai 2019 bei einer Kundgebung in Erfurt oder bei der 200. Kundgebung von Pegida in Dresden im Februar 2020. Deutschland als ein Stück Seife darzustellen, müsste unter bekennenden

Patrioten eigentlich auf Vorbehalte stoßen. Das geliebte Vaterland soll wie ein Stück Seife sein? Im Ernst? Erstaunlicherweise verzeihen AfD-Anhänger Björn Höcke dieses verrutschte Sprachbild bei seinen Auftritten auf den Plätzen nicht nur, sondern bejubeln es sogar frenetisch.

Abgesehen von dem despektierlichen Seifenvergleich entfaltet die Metapher den gewünschten Effekt: nämlich Angst und Wut zu schüren. Die Kernaussage lautet: Deutschland löst sich auf. Verschwindet. Bis nichts mehr übrig bleibt. Als Schuldige prangert Höcke die demokratischen Parteien an, die er unterschiedslos als »Altparteien« über einen Kamm schert. Demzufolge lösen also die Demokraten dieses Deutschland auf »wie ein Stück Seife unter einem lauwarmen Wasserstrahl«. Höcke behauptet also nicht weniger, als dass die anderen Parteien die Vernichtung Deutschlands betreiben. Nicht umsonst gehört die Schmähvokabel »Deutschlandabschaffer« zum festen Wortschatz des AfD-Spitzenpersonals. Die unterstellte Vernichtung Deutschlands geschieht aber nicht abrupt und offen, sondern in einem schleichenden Prozess. Ein Stück Seife unter einem Wasserstrahl wird beinahe unmerklich kleiner, bis es sich endgültig auflöst. Höcke behauptet also die maximale Bedrohung verbunden mit einer geradezu perfiden Vernichtungsstrategie, die dahintersteckt. Derzufolge Deutschland nicht etwa verbrannt wird, sondern »lauwarm« zugrunde geht. Das schürt Angst. Und Wut auf die Beschuldigten. Die Höcke an den Pranger stellt, unabhängig davon, ob sie bewusst handeln oder »zu blöd sind«. Genau darum geht es: maximale Emotionen schüren, Hass erzeugen.

Wichtig ist zu verstehen, dass dahinter politisches Kalkül steckt. Bedrohung, Schuld, Wut, Angst – alles muss maximal groß sein, um eine Art Widerstandsrecht gegen die vermeintlichen »Deutschlandabschaffer« zu legitimieren. Wenn Deutschland still und leise zugrunde gerichtet wird, braucht es einen mutigen und zu allem bereiten Retter. Kein Zweifel, wen Björn Höcke für die Idealbesetzung in dieser Rolle hält.

Alexander Gauland (AfD):

»Die Bundeskanzlerin will vollendete Tatsachen schaffen, bevor sie abtritt. Sie will den Bevölkerungsaustausch unumkehrbar machen. Wir sollen als Volk und als Nation allmählich absterben.«

(...)

»Die Bundesregierung will, dass wir für die Einwanderer arbeiten, damit die in Ruhe Kinder in die Welt setzen und den Bevölkerungsaustausch vollenden können.«

Quelle: Rede von Alexander Gauland beim Kyffhäusertreffen des Flügels im Juni 2018

Der Vogelschiss, die Entsorgungsfantasie über die türkischstämmige Ausländerbeauftragte Özoguz, der Aufruf zur Jagd nach der Bundestagswahl – das alles hat nichts an der öffentlichen Wahrnehmung von Alexander Gauland geändert. Noch immer gilt er als der Bürgerliche, Gemäßigte in der AfD. 40 Jahre Mitgliedschaft in der CDU und die langjährige Funktion als Herausgeber der Märkischen Allgemeinen in Potsdam scheinen ihn gegen Kritik zu immunisieren. Regelmäßig wird Gauland als graue und honorige Eminenz der AfD in die Polit-Talks von Anne Will oder Maybrit Illner eingeladen. Gauland ist das Musterbeispiel für ein großes Missverständnis: Im politischen Diskurs ist es absurderweise wichtiger, wer etwas sagt als das Gesagte selbst. Wenn man aber die Reden Gaulands analysiert, ergibt sich ein ganz anderes Bild. Dann stößt man auf eine Radikalität, die der von Björn Höcke nicht nur in nichts nachsteht, sondern ihr auch ideologisch nahesteht.

Beim Kyffhäusertreffen des mittlerweile angeblich aufgelösten rechtsextremistischen Flügels der AfD hat Gauland die ultimative rechte Verschwörungsideologie variiert: die vom großen Austausch. Jene Vorstellung, die auf den rechten französischen Autor Renaud Camus zurückgeht, wonach die einheimische Bevölkerung durch Migranten ersetzt werden soll.[32] Eine Verschwörungsideologie, mit der auch der rechtsterroristische Mörder von Christchurch seinen Terroranschlag auf zwei Moscheen in Neuseeland begründete, bei dem er 51 Menschen ermordete und viele weitere verletzte.

Gauland lässt keinen Zweifel daran, dass er diesen »Bevölkerungsaustausch« für eine Tatsache hält. Und er liefert auch gleich die Antwort auf die Frage, welche finstere Macht denn hinter diesem Plan zum Austausch der Einheimischen steckt. Gauland wirft Kanzlerin Angela Merkel vor, »vollendete Tatsachen« schaffen zu wollen. Er stellt es so dar, als sei das der letzte politische Wille von Angela Merkel als Kanzlerin. Das angebliche Motiv liefert Gauland gleich mit. Er behauptet allen Ernstes, Merkel verfolge das Ziel, Volk und Nation absterben lassen zu wollen. Das hat nichts mehr mit sachlicher Kritik an Merkels Flüchtlingspolitik zu tun. Hier wittert einer die ganz große Verschwörung. Ausgehend von einem völkischen Weltbild ethnisch definierter Kollektive, die es zu erhalten gelte. Daran ändert auch nichts, dass Gauland bestreitet, ethnischer Exklusivität das Wort zu reden. Er räumt in seiner Rede sogar ein, dass andere Menschen zu uns kommen können, wenn sie sich denn bedingungslos der deutschen Kultur unterordnen. Damit will Gauland dem Eindruck entgegentreten, ethnische Homogenität zu fordern. Doch den Widerspruch zu der ethnisch-kulturell gestrickten Verschwörungsideologie vom großen Austausch kann er nicht auflösen. Ein bisschen völkisch geht nicht. Nation, Volk und Kultur – bei

Gauland sind das starre Kollektive, die auf Abstammung beruhen und kollektiv verteidigt werden müssen.

Nachdem nun schon Kanzlerin Merkel als Strippenzieherin des großen Austauschs identifiziert ist, erklärt Gauland kurzerhand die ganze Regierung ebenfalls zum Verschwörer gegen die deutsche Sache. Ziel der Regierung sei es, dass »wir«, also die Deutschen, »für die Einwanderer« arbeiten. Da wird es nun vollends grotesk. In diesem Zerrbild sind Deutsche also dazu da, für Einwanderer zu schuften. Aber nicht nur das. Gauland fantasiert sich auch noch einen tieferen Sinn für dieses Ausnutzungsverhältnis zugunsten von Migranten zusammen: »damit die in Ruhe Kinder in die Welt setzen und den Bevölkerungsaustausch vollenden können«. Im Klartext: Die Regierung will, dass wir für Migranten arbeiten, damit sich diese in Ruhe fortpflanzen können, was sie tun, um die einheimischen Deutschen schließlich endgültig zu ersetzen. Regierung und Migranten machen in diesem krude sexualisierten Szenario also gemeinsame Sache, um einen finsteren Masterplan gegen die Deutschen zu vollenden. Wer so etwas verbreitet, ist weder bürgerlich noch konservativ, sondern appelliert an rassistische Instinkte und schürt Hass gegen Minderheiten. Denn bei vermeintlich Kulturfremden endet die behauptete Toleranz, weil Menschen aufgrund ihrer Herkunft schlicht als inkompatibel zu unserer Kultur erklärt werden. So spricht Gauland in seiner Rede abfällig über »Afrikaner« und »Orientalen« und prophezeit, »Parallelgesellschaften werden blühen und gedeihen«. Entsprechend angestachelt skandierten Gaulands Anhänger: »Widerstand, Widerstand.«

Alexander Gauland (AfD):

»Wir befinden uns in einem Kampf gegen Kräfte, die ihr globalisiertes Programm der Nationenauflösung, der ethnisch-kulturellen Vereinheitlichung und der Traditionenvernichtung als die Menschlichkeit und Güte selbst verkaufen. Wir sollen uns im Dienst des Menschheitsfortschritts verdrängen lassen. Wir sollen uns als Volk und Nation in einem großen Ganzen auflösen. Wir haben aber kein Interesse daran, Menschheit zu werden. Wir wollen Deutsche bleiben.«

Quelle: Rede von Alexander Gauland am 9. Juni 2018

Die Erzählung, die Gauland auf dem Parteitag der bayerischen AfD entfaltete, hört sich wie der Versuch an, möglichst viele Versatzstücke aus dem Ideologie-Baukasten der Neuen Rechten unterzubringen. Nationenauflösung. Traditionenvernichtung. Dieses Denken findet sich ganz ähnlich bei neurechten Vordenkern wie Alain de Benoist, Pierre Krebs oder Henning Eichberg, die die radikale Rechte vor Jahren ideologisch entrümpelten und modernisierten. Mit dem Konzept des Ethnopluralismus sollte der alte, durch den Nationalsozialismus nachhaltig diskreditierte Rassismus überwunden und durch ein modernes Konzept ersetzt werden. Das betont die organisch gewachsenen Einheiten Volk, Nation und Kultur, aus deren Wert sich ein Recht auf Verschiedenheit ergebe. *Homogene Völker in einer heterogenen Welt – nicht umgekehrt*, lautet ein Schlagwort der Neuen Rechten.[33] Mit diesem Homogenitätsideal kämpft die Neue Rechte seit Jahren gegen Multikulturalismus und angebliche One-World-Tendenzen. Vermischung ist demnach des Teufels, weil dadurch gewachsene Kulturen zerstört würden. Gar von »Volkstod« ist da die Rede. Wobei betont werden muss, dass bei diesem angeblichen Genozid niemand stirbt. Denn was »Volkstod« genannt wird, ist im Kern nur das Zusammenleben von Menschen unterschiedlicher Herkunft. Allen gegenteiligen Bekundungen zum Trotz handelt es sich beim Ethnopluralismus um ein neorassistisches Konzept, denn auch, wenn man auf den diskreditierten Begriff »Rasse« verzichtet, wird Kultur doch derart verstanden, dass gemeinsames Blut darüber entscheidet, wer zur Gemeinschaft dazugehört und wer nicht. Die Neuen Rechten haben dafür den entlarvenden Begriff »bio-kulturell« geprägt.

Ganz ähnlich ist nun bei Gauland von einer »ethnisch-kulturellen Vereinheitlichung« die Rede. Auch bei ihm ist Kultur also nicht einfach frei wählbar oder sozialisierbar, sondern an Biologie gebunden. Wenn er eine »Vereinheitlichung« beklagt, setzt das genau jene ethnopluralistische Vielfalt der Kulturen als Ideal voraus, die der Neuen Rechten als natürliche Weltordnung gilt. Für Gauland erfolgt die Auflösung und Vernichtung dieser natürlichen Ordnung als ein »globalisiertes Programm«, das perfiderweise auch noch als »Menschlichkeit« getarnt werde. Er braucht die Täter gar nicht zu nennen, denn sein Publikum weiß auch so, wer gemeint ist: Linke. Liberale. Gegen diese nicht namentlich genannten Mächte der Vernichtung, die angeblich wollen, dass »wir« uns »als Volk und Nation in einem großen Ganzen« auflösen, wähnt sich Gauland in einem »Kampf der Kräfte«. Die düstere Prophezeiung endet mit der Forderung: »Wir wollen Deutsche bleiben.« Da derzeit niemand ernsthaft die bundesdeutsche Staatlichkeit infrage stellt (mit Ausnahme von Reichsbürgern), ist damit ganz offenbar wie beschrieben eine »ethnisch-kulturelle« Identität gemeint. Die eben letztlich völkisch ist. Denn um den Erhalt der Deutschen als Ethnie zu organisieren, müsste man Familienplanung zu einer nationalen Aufgabe machen. Glücklicherweise entscheidet aber in einer liberalen Demokratie nicht die Nation oder Kultur oder das Volk darüber, wer mit wem Kinder macht und bekommt. Übrigens auch Herr Gauland nicht.

Hans-Thomas Tillschneider (AfD):

»Die deutsche Identität ist allumfassend. Und deshalb gar nicht erschöpfend definierbar und feststellbar. Das heißt nicht, dass es sie nicht gibt. Es ist eher so, dass alles, was es für uns gibt, alles, was wir mit unseren deutschen Augen sehen, deutsch ist. Jeder unserer Gedanken, jedes unserer Worte, unsere gesamte Weltsicht ist deutsch. Wie sollen wir da definieren, also eingrenzen, was deutsch ist? Es gibt ein deutsches Verständnis von Familie, eine deutsche Art, sich zu kleiden. Es gibt eine deutsche Art zu arbeiten, eine deutsche Art zu kochen, eine deutsche Art zu bauen, eine deutsche Art zu musizieren und diese Art unterscheidet sich von allen anderen Völkern. (...) Unser, unser Deutschsein ist, so würde ich sagen wollen, ein besonderes Licht, das unsere gesamte deutsche Welt einhüllt. Es ist mit einem ur-deutschen Begriff: unsere Weltanschauung.(...) Dieses Deutsch-Sein, dieses Selbst-Sein und dieses Frei-Sein zeigen sich darin, dass wir uns als Deutsche frei versammeln, dass wir uns zu einer großen Gemeinschaft bekennen, dass wir unseren Lebenswillen als Volk bekunden und nichts anderes tun wir heute auf Burgscheidungen.«

Quelle: Rede von Hans-Thomas Tillschneider beim Kyffhäusertreffen des Flügels auf Schloss Burgscheidungen am 23. Juni 2018

Eine Rede wie ein nationalistisches Manifest. Nach seinem Einzug in den Landtag von Sachsen-Anhalt wurde Hans-Thomas Tillschneider von der AfD als Sprecher für Bildung, Kultur und Wissenschaft eingesetzt. Man darf also annehmen, dass er relevanten Teilen der Partei durchaus aus der Seele spricht. Was Tillschneider da beim Flügel-Treffen als »deutsche Identität« ausgab, ist das Verständnis von einem Deutschtum, das derart kollektiv und homogen geformt ist, dass Individualität schlicht nicht vorgesehen ist. Nicht weniger als »alles, was es für uns gibt« ist für Tillschneider demnach »deutsch«. Jeder Gedanke und jedes Wort. Aus dieser Sicht sprechen übergriffige Vereinnahmung und Entmündigung. Nicht individuelle Veranlagung, Erfahrung, Sozialisation und Kreativität bestimmen demnach, wer und wie wir sind, sondern ausschließlich die Kollektividentität des Deutschseins. Sogar Tätigkeiten sind in diesem totalitären Identitätskonstrukt deutsch: Es gebe »eine deutsche Art zu bauen, eine deutsche Art zu musizieren«, so der AfD-Politiker. Konsequenterweise müsste es, wenn einfach alles »deutsch« ist, was Deutsche tun, auch eine deutsche Art zu schlafen oder sich die Zähne zu putzen geben, was eine absurde Vorstellung ist. Aber das nur nebenbei. Diese besondere deutsche Art »unterscheidet sich« angeblich »von allen anderen Völkern«. Die Verschiedenheit von ethnokulturell definierten Völkern, wie sie die Neue Rechte seit Jahren propagiert, wird von Tillschneider auf die Spitze getrieben. Verschiedene Herkünfte und Identitäten mit ganz verschiedenen Lebenswegen und Lebensweisen sind nicht vorgesehen. Individuelle Persönlichkeit auch nicht. Die Welt schrumpft bei Tillschneider zu »unserer gesamten deutschen Welt« zusammen. In dieser Welt ist das nationalistische Kollektiv alles, der Einzelne hingegen nichts.

Attila Hildmann:

»Ist das noch eine Demokratie, in der ich lebe? Wo andere Meinungen mundtot gemacht werden? Das ist Zensur pur. Und wir sind schon mitten im Faschismus und in der Diktatur.«

Quelle: Rede von Attila Hildmann bei einer sogenannten Hygiene-Demo in Berlin laut Bericht von Frontal 21 vom 19. Mai 2020

In großen Krisen haben Verschwörungsideologien Hochkonjunktur.[34] Folgerichtig ließ sich in der Corona-Pandemie beobachten, wie zunächst im Netz massenhaft Fake News und Verschwörungserzählungen kursierten, die nach einiger Zeit dann auch auf sogenannten Hygiene-Demos gegen die Einschränkungen der Corona-Verordnungen verbreitet wurden. Populäre Verschwörungsmythen behaupteten, das Virus Covid-19 sei in amerikanischen oder chinesischen Laboren künstlich erzeugt worden oder der US-Milliardär Bill Gates strebe wahlweise Zwangsimpfungen oder gar die Weltherrschaft an. Auf Demonstrationen in deutschen Städten waren T-Shirts mit dem Slogan »Gib Gates keine Chance« und Plakate mit Davidstern und der Parole »Impfen macht frei« zu sehen. Eine makabre Anspielung auf die Parole »Arbeit macht frei« am Eingang des Konzentrationslagers Auschwitz. Wer sich zur Selbstviktimisierung mit NS-Opfern gleichsetzt, relativiert den Holocaust. Aus psychologischer Sicht dienen Verschwörungsideologien dazu, Unsicherheit und empfundenen Kontrollverlust durch einfache Antworten zu ersetzen und die eigene fragile Persönlichkeit durch ein vermeintlich exklusives Wissen um geheime Machenschaften aufzuwerten. Schwer auszuhaltende gesellschaftliche Komplexität wird auf diese Weise auf ein einfaches Weltbild reduziert. Studien zufolge ist etwa ein Drittel der Bevölkerung für solche Erzählungen anfällig.[35] Weit verbreitet ist beispielsweise die Vorstellung, dass die Regierung von fremden Mächten gelenkt wird und der Bevölkerung die Wahrheit vorenthält. Fast die Hälfte der Bevölkerung (46 Prozent) ist hierzulande davon überzeugt, dass geheime Organisationen Einfluss auf politische Entscheidungen haben.[36] Nicht selten sind diese Erzählungen antisemitisch grundiert. Hinter vielen Verschwörungen vermuten deren Erzähler letztlich »die Juden«.

In der Corona-Krise traten hierzulande auch Akteure mit

Verschwörungserzählungen auf, die bislang nicht politisch in Erscheinung getreten waren. So auch der Berliner Koch Attila Hildmann, der als Autor von Büchern über vegane Küche bekannt geworden ist. Hildmann war in Berlin einer der Köpfe des Protests gegen die Corona-Maßnahmen und mobilisierte seine Anhänger über eigene Social-Media-Kanäle. Laut *Tagesspiegel* soll Hildmann beispielsweise über den »Judenstamm« der »Zionisten« gepostet haben, die schon lange versuchten, »die deutsche Rasse auszulöschen«.[37] Eine antisemitische Verschwörungsideologie also. Ein Videoausschnitt zeigt, wie Hildmann bei einer Rede vor Anhängern behauptet: »Die Weltbank, die wird regiert von den Rothschilds, und das sind nun mal die Zionisten.« Stigmatisierende Erzählungen über den angeblichen Einfluss der jüdischen Bankiers-Familie sind ein klassisches Motiv antisemitischer Propaganda. Bei einer anderen Kundgebung sagte Hildmann: »Hitler war ein Segen im Vergleich zur Kommunistin Merkel, denn sie plant mit Gates einen globalen Völkermord von sieben Milliarden Menschen.«[38] Das ist Geschichtsklitterung und verschwörungsideologische Brandrede in einem. Die Brandenburger Kriminalpolizei teilte im Sommer 2020 nach mehreren Strafanzeigen mit, sie habe Ermittlungen gegen Hildmann eingeleitet.

Die Aussage, Deutschland befinde sich aufgrund von »Zensur« mitten »im Faschismus und in der Diktatur«, hat nichts mehr mit konkreter Kritik an Maßnahmen zur Eindämmung der Pandemie zu tun. Vielmehr spricht aus diesen Worten die fundamentale Ablehnung der bestehenden demokratischen Ordnung. Hildmann erklärt die Demokratie kurzerhand zur faschistischen Diktatur. Diese Art des Etikettenschwindels ist eine typische Strategie der radikalen Rechten, um Widerstand zu legitimieren. Auch wenn die Demos gegen die Corona-Verordnungen nach dem Ende des ersten Lockdowns Mitte des Jahres 2020 vorübergehend an Anziehungskraft verloren, sollte man die langfristige Wirkung nicht unterschätzen. Die besteht in einer Ausweitung eines demokratiefeindlichen Widerstands-Milieus über rechtspopulistische, rechtsradikale und rechtsextremistische Personengruppen hinaus. Vielen wurde der Anschluss dadurch erleichtert, dass anfangs diverse Grundrechte wie die Versammlungsfreiheit und das Recht auf Freizügigkeit de facto außer Kraft gesetzt wurden. Solche Maßnahmen kritisch zu hinterfragen, ist nicht nur legitim, sondern sogar notwendig.

Die Behauptung einer »Corona-Diktatur« knüpft hingegen an die rechtspopulistische Agitation gegen »die da oben« an, eine abgehobene Machtelite, deren Politik sich angeblich gegen das eigene Volk richtet. In diesen Vorstellungen gibt es keine auszuhandelnden Interessenkonflikte, sondern nur einen einheitlichen Volkswillen – Freund und Feind. Solche Agitation trägt dazu bei, demokratische Prozesse und Entscheidungen zu delegitimieren. Einmal mehr wurde bei den verschwörungsideologischen Corona-Protesten demokratiefeindliche Ideologie als Freiheitskampf inszeniert.

Xavier Naidoo:

»Deutschland ist insofern kein souveränes Land, wir sind nicht frei.«

Quelle: stern-Interview mit Xavier Naidoo vom 12. März 2015

Lange ist Xavier Naidoo nicht ernst genommen worden. Das liegt vor allem daran, dass sich der Soul-Musiker mit Songs wie »Ich kenne nichts« und »Dieser Weg« einen festen Platz in der deutschen Popkultur gesichert hatte. Letzterer wurde im Jahr 2006 zum Soundtrack des Sommermärchens der deutschen Fußball-Nationalmannschaft. Einige Wochen lang träumte Deutschland vom WM-Titel im eigenen Land, und Xavier Naidoo setzte für diesen Traum den gefühlvollen Ton. Konnte dieser sensible Künstler wirklich für radikal rechte Ideologie stehen? War das nicht alles üble Nachrede? Als der Sänger im Jahr 2015 erst als Teilnehmer für den Eurovision Song Contest ausersehen und nach Protesten vom NDR wieder abgesetzt wurde, schalteten Kulturschaffende eine große Solidaritätsanzeige für Naidoo in der FAZ. Konzertveranstalter Marek Lieberberg verteidigte den Musiker, indem er in Bezug auf die Vorwürfe gegen Naidoo »unglaubliche Hetze« und »blinden Hass« beklagte.[39]

Wer sich dagegen genauer mit dem Thema beschäftigt, findet in Naidoos Texten und Auftritten immer wieder einschlägige Codes und Anknüpfungen an radikal rechte Ideologie. Die Behauptung, Deutschland sei kein souveränes, freies Land aus dem stern-Interview variiert den Kern der Reichsbürger-Ideologie. Naidoo hat die Verschwörungserzählung über angeblich fehlende staatliche Souveränität nicht erst im Gespräch mit dem stern geäußert, sondern schon vier Jahre zuvor im ARD-Morgenmagazin, als er sagte: »Aber nein, wir sind nicht frei, wir sind immer noch ein besetztes Land! Deutschland hat noch keinen Friedensvertrag und ist dementsprechend auch kein echtes Land und nicht frei.« Dass Naidoo bei einer Kundgebung vor Reichsbürgern sprach, war also kein Zufall. Auf die Frage der stern-Redakteure, warum er die Anfrage der Reichsbürger nicht abgelehnt habe, antwortete er: »Warum sollte ich? Wenn ich von Liebe und Frieden sprechen kann, dann ist das absolut reizvoll für mich.«[40] Solche Aussagen sind es, auf die Journalisten immer wieder ratlos reagieren und im Zweifel ideologische Schärfe gern durch Selbstverharmlosungen abmildern lassen.

Dabei hatte sich Naidoo schon im Jahr 1999 in der

Zeitschrift Musikexpress als »Rassist, aber ohne Ansehen der Hautfarbe« bezeichnet.[41] In dem Song »Raus aus dem Reichstag« raunt der Sänger: »Baron Totschild gibt den Ton an«, was sich als Anspielung auf die jüdische Bankiersfamilie Rothschild verstehen lässt. Der Name »Rothschild« ist wie gesagt ein antisemitischer Code, der in diesem Sinne verwendet und verstanden wird. Im Song »Marionetten« seiner Band Söhne Mannheims beschreibt Naidoo »Volksvertreter« als Marionetten mit »Nylonfäden« an den »Gliedern«. Demokratische Abgeordnete werden als fremdbestimmte, willfährige »Steigbügelhalter« diffamiert. Bei Einsicht in das eigene Fehlverhalten werde ihnen alles vergeben, so der Sänger, andernfalls »sorgt der wütende Bauer mit der Forke dafür, dass ihr einsichtig seid.« Eine politische Gewaltfantasie verpackt in einen Liedtext. Es folgt eine Anspielung auf das sogenannte Pizza-Gate, eine international kursierende Verschwörungs-Ideologie über einen angeblichen Kinderpornoring in Washington. Verbreiter dieser gefährlichen Fake News behaupten, auch die demokratische Präsidentschaftskandidatin Hillary Clinton sei daran beteiligt. »Und etwas wie Pizza gibt's ja noch auf der Rechnung«, lautet die entsprechende Textzeile im Song »Marionetten«: »Und wenn ich so einen in die Finger kriege. Dann reiß ich ihn in Fetzen.« Naidoo hat geäußert, er habe sich in seinen Songs bisweilen politisch zurückgehalten. Was er jedoch in seinen Liedzeilen immer wieder andeutet, ist radikal genug.

Obwohl Xavier Naidoo immer wieder durch derartige Botschaften auffiel, buchte ihn RTL als Jury-Mitglied für die Unterhaltungssendung »Deutschland sucht den Superstar«. Bis ein Video auftauchte, in dem der Musiker rappt: »Weit und breit ist hier kein Mann, der dieses Land noch retten kann (...) Aber was, wenn fast jeden Tag ein Mord geschieht, bei dem der Gast dem Gastgeber ein Leben stiehlt«. Eine Anspielung auf mörderische Ausländerkriminalität. Die Floskel »der Gast« macht aus individueller Schuld eine Kollektivschuld. Schließlich trennte sich RTL von Naidoo. In der Corona-Pandemie meldete der sich dann zu Wort, indem er etwa in einem Video in verschwörungsideologischem Ton die »böse Frau Merkel« anprangert: »Sie bringen unsere Alten um.« In einem anderen Video erzählt er unter Schluchzen von Kindern, die gerade in verschiedenen Ländern »aus den Händen pädophiler Netzwerke« befreit würden. Dazu raunt er etwas von »Adrenochrom«. Anhänger der QAnon-Verschwörungsideologie verbreiten den Mythos, dass korrupte Eliten Kinder unterirdisch gefangen halten, um von ihnen das vermeintliche Wundermittel »Adrenochrom« abzuzapfen. Das ist ein Stoffwechselprodukt des Adrenalins, gilt den Verschwörungsideologen aber als Wundermittel, zu dessen Gewinnung angeblich Kinder missbraucht werden. Auf diesen Verschwörungsmythos bezieht sich Naidoo offenkundig in dem Video. Mittlerweile ist der Musiker damit tief im verschwörungsideologischen Milieu angekommen.

Ja, Kunst und Künstler dürfen fast alles. Der Fall Xavier Naidoo lehrt jedoch, dass auch künstlerische Freiheit nicht bedeuten darf, Künstler aus der Verantwortung für ihre Worte, Themen und Thesen zu entlassen. Im Nachhinein hat sich nicht die berechtigte Kritik an Xavier Naidoo als falsch erwiesen, sondern jene bedingungslose Solidarität, die blind gegen dessen radikale politische Agenda war.

NS-Sprache reloaded

Wahlkampf-Slogan des AfD-Bundestagskandidaten Ulrich Oehme:

»Alles für Deutschland«

Quelle: Das Nachrichtenportal tag24 über ein Wahlplakat des AfD-Kandidaten Ulrich Oehme im Bundestagswahlkampf 2017 im Erzgebirge

Vor der Bundestagswahl im Jahr 2017 ließ AfD-Kandidat Ulrich Oehme in seinem sächsischen Wahlkreis Plakate mit einer einfachen Botschaft aufhängen. Über seinem Porträt stand: »Alles für Deutschland!« Damit machte der Lokalpolitiker mit einer Parole der nationalsozialistischen SA Wahlkampf, die sogar strafbar ist. Denn Paragraf 86 des Strafgesetzbuches stellt nicht nur den sogenannten Hitlergruß oder das Hakenkreuz wegen Verwendens von Kennzeichen verfassungswidriger Organisationen unter Strafe. Vielmehr sind auch diverse Nazi-Parolen wie »Heil Hitler« oder die SS-Losung »Meine Ehre heißt Treue« verboten. Und eben auch die SA-Parole »Alles für Deutschland!« Bis heute findet sich die Losung als Gravur auf Nazi-Devotionalien wie etwa Dolchen. Bezeichnend ist die Reaktion der AfD, als das Boulevard-Newsportal *tag24* den Skandal öffentlich machte.[42] Demnach sei er, Oehme, erst nach der Plakataktion darüber informiert worden, dass der Spruch verboten ist, heißt es. Zwar wurden die Plakate abgehängt, doch von Reue war keine Spur. Oehme wird in der Presse mit den Worten zitiert: »Wir dürfen unsere deutsche Sprache nicht geißeln, indem wir Sprüche, die nahe am Leben stehen, uns selbst verbieten.« Alles für Deutschland – das soll nahe am Leben sein? Anstelle einer Entschuldigung oder Distanzierung wird eine Sprecherin Oehmes mit der Ankündigung zitiert, gegen die angebliche Einschränkung der Redefreiheit kämpfen zu wollen. Das Verbot von Nazi-Parolen wird einfach zur Einschränkung der Meinungsfreiheit umgedeutet. Der Fall zeigt: Selbst wenn ein AfD-Politiker dabei erwischt wird, eindeutig Nazi-Slogans zu verwenden, wird das noch gerechtfertigt. Wer sich aber der Sprache der Nationalsozialisten bedient, macht sich mit ihnen gemein.

Björn Höcke (AfD):

»Heute lautet die Frage: Schaf oder Wolf. Und ich, nein, wir entscheiden uns in dieser Lage, Wolf zu sein.«

Quelle: Rede von Björn Höcke beim Kyffhäusertreffen des Flügels im am 23. Juni 2018

Immer wieder weisen AfD-Politiker empört jede sprachliche oder ideologische Nähe zum Nationalsozialismus zurück und klagen über eine »Nazi-Keule«, mit der sie mundtot gemacht werden sollen. Doch allen voran ist es Björn Höcke, der durch Anleihen an NS-Rhetorik auffällt.[43] Denn auch Joseph Goebbels hat das einprägsame Bild von Wolf und Schaf verwendet, das eine antagonistische Aufteilung von Menschen in Raubtiere und Opfer konstruiert: »Wir kommen nicht als Freunde, auch nicht als Neutrale. Wir kommen als Feinde. Wie der Wolf in die Schafherde einbricht, so kommen wir!« So formulierte der NS-Propagandachef das nationalsozialistische Selbstverständnis.

Höcke weist darauf hin, dass er mit der absurden Entscheidung nicht bloß seine ganz persönliche Haltung meint. Vielmehr spricht er von »wir«, bezieht also ausdrücklich seine AfD-Anhänger mit ein. Sie alle entscheiden sich Höcke zufolge dafür, »Wolf zu sein«. Entscheidend ist, dass Höcke sich an ein von Joseph Goebbels verwendetes Sprachbild anlehnt. Abgesehen von der Brutalität der Metapher diskreditiert sich der Thüringer AfD-Fraktionschef damit selbst. Denn wer sich bildsprachlich an Goebbels anlehnt, muss sich diese Nähe zurechnen lassen. Der wird dann nicht in die rechte Ecke gestellt, sondern stellt sich selbst in die äußerste rechte Ecke. Bedenkenswert ist zudem, wem Höcke da vom Wolf erzählt. Nämlich den Radikalsten der Radikalen der AfD, die sich im Flügel organisiert hatten, bevor der Verfassungsschutz diesen als »erwiesen extremistische Bestrebung« unter Beobachtung gestellt hat, woraufhin nicht etwa die Trennung von Rechtsextremisten erfolgte, sondern lediglich medienwirksam die Auflösung des Flügels verkündet wurde. Höcke richtet sich mit seiner Rede vom Wolf also an ultrarechte Adressaten, die in der Lage sind, seinen metaphorischen Sprachcode zu verstehen. Dies ist gleichwohl nicht die einzige sprachliche Nähe zur NS-Rhetorik, die sich bei Höcke finden lässt. Die AfD soll laut Höcke eine »Bewegungspartei« sein. Adolf Hitler nannte die NSDAP eine »Partei der Bewegung«. Bezeichnenderweise konnten Parteifreunde von der AfD, denen ZDF-Reporter Zitate aus einem Buch von Björn Höcke vorlasen, nicht unterscheiden, ob die entsprechenden Aussagen von Höcke oder von Hitler stammten.

Tino Chrupalla (AfD):

»Ich halte die Umvolkung, ich halte den Begriff Umvolkung nicht für rechtsextrem.«

Quelle: ZDF-Interview von Theo Koll mit Tino Chrupalla nach dessen Wahl zum AfD-Bundessprecher im Dezember 2019

Nach seiner Wahl zum Co-Vorsitzenden der AfD stellte sich der sächsische Malermeister Tino Chrupalla in einer Live-Schalte den Fragen des ZDF-Redakteurs Theo Koll. In dem Gespräch konfrontierte Koll den neuen AfD-Chef damit, dass er von »Umvolkung« gesprochen habe. Ein Begriff, der im Verfassungsschutzbericht stehe und der Nazi-Sprache entlehnt sei, fügte Koll hinzu. Tatsächlich bezeichnete der Begriff jene nationalsozialistische Bevölkerungspolitik, die auf eine Umsiedlung, sprich: Vertreibung ethnischer Volksgruppen abzielte, um ethnische Homogenität und eine »Re-Germanisierung« in den eroberten Ostgebieten gewaltsam herzustellen.[44] Die extreme Rechte hat den Begriff aufgegriffen und verwendet ihn nunmehr im Sinne völkisch-rassistischer Ideologie und ihrer Verschwörungserzählung vom »großen Bevölkerungsaustausch«.[45] »Umvolkung« ist also Nazi-Vokabular, das Rechtsextremisten aktuell entsprechend ihrer Agenda als Kampfbegriff verwenden. Auf den Vorhalt des ZDF-Redakteurs, den Nazi-Begriff verwendet zu haben, stritt Chrupalla zunächst alles ab: »Ich habe nicht in persona von Umvolkung gesprochen. Das will ich ganz klar dementieren.« Darauf Koll: »Wir haben es von Ihnen auf Video.« Chrupalla: »Das mag ja sein.« Koll: »Also, Sie haben davon gesprochen.« Chrupalla: »Ja, aber ich halte die Umvolkung, ich halte den Begriff Umvolkung nicht für rechtsextrem.«

Es ist bemerkenswert, wie lax der neue AfD-Chef über seinen kaltschnäuzigen Umgang mit der Wahrheit hinweggeht, obwohl er gerade in flagranti und live bei einer Lüge erwischt wurde. Das zeigt in seltener Klarheit, dass sich die AfD außerhalb eines diskursiven Minimalkonsens bewegt, indem offenkundige Tatsachen bestritten werden. In der AfD scheint es zwei Sprachen zu geben: radikale Thesen und Töne für den eigenen Anhang – und eine weichgespülte Version für die Öffentlichkeit. Ebenfalls bezeichnend ist, wie Chruppalla, soeben der Lüge überführt, augenblicklich die Strategie wechselt. Nachdem er gerade noch bestritten hat, das Wort »Umvolkung« überhaupt benutzt zu haben, erklärt er es, als diese Behauptung nicht mehr zu halten ist, kurzerhand für gar nicht so schlimm. Es ist der durchsichtige Versuch, durch Umdeutung von der eigenen Radikalität abzulenken. Er, Chrupalla, halte den Begriff »Umvolkung« eben nicht für rechtsextrem. Das mag er durchaus so empfinden, ändert aber nichts an den Fakten: »Umvolkung« ist ein dem Nazi-Vokabular entnommener rechtsextremer Kampfbegriff. Wer ihn als Politiker verwendet, kann sich weder auf Unwissenheit berufen noch mit Meinungsvielfalt herausreden.

Vielmehr belegt der Gebrauch des Wortes, dass diese Ideologie in der AfD von der Parteispitze verteidigt wird. Ganz abgesehen davon, dass es sich für einen Demokraten per se verbietet, nationalsozialistisches Vokabular zu benutzen.

Thomas Goebel (AfD):

»Unsere deutsche Volksgemeinschaft ist krank. Sie leidet an Altparteien-Diarrhö, Gutmenscheritis, linksgrünversifften Achtundsechzigern und durch Merkel versiffte, aufgelöste Außenhaut. Unser Deutschland leidet unter einem Befall von Schmarotzern und Parasiten, welche dem deutschen Volk das Fleisch von den Knochen fressen will.«

Quelle: Der sächsische AfD-Bundestagskandidat Thomas Goebel bei einer Rede in Dresden am 5. Juni 2017 laut Verfassungsschutzgutachten, zitiert nach netzpolitik.org

Malermeister Thomas Goebel wurde von der AfD auf Platz 13 der sächsischen Landesliste für die Bundestagswahl 2017 aufgestellt. Seine kurze Rede in Dresden ist mit drastischen Versatzstücken nationalsozialistischer Rhetorik gespickt. Goebel spricht von einer »deutsche[n] Volksgemeinschaft«. Als »Volksgemeinschaft« bezeichneten die Nazis ihre Gesellschaftsordnung, die durch Reinrassigkeit und den einheitlichen Willen von Volk und Führer gekennzeichnet sein sollte. Aus den Worten des Malermeisters spricht ein Biologismus, der unheilvoll auf das Gemeinwesen übertragen wird und mit den rechten Schmähvokabeln »linksgrünversifft« und »versifft« angereichert wird. Der Zustand des Landes und des imaginierten Volkskörpers erscheint geradezu ekelerregend. Die verachteten »Altparteien«, wie AfD-Politiker die demokratische Konkurrenz ja gern bezeichnen, stellt der Redner in einen Zusammenhang mit einer Durchfallerkrankung. Die Metapher vom kranken Deutschland steigert er zu einem »Befall von Schmarotzern und Parasiten«. Unerheblich, ob er dabei an Geflüchtete, demokratische Politiker oder Sozialtransfer-Empfänger denkt – damit sind Menschen gemeint. In der Propaganda der Nazis wurden Juden und Slawen üblicherweise als Schädlinge für das deutsche Volk dargestellt. Hitler schrieb in »Mein Kampf« über Juden als »ewiger Parasit« und »Schmarotzer«.[46] AfD-Kandidat Goebel fabuliert nun seinerseits davon, dass »Schmarotzer« und »Parasiten« dem deutschen Volk »das Fleisch von den Knochen fressen«, also töten, wollen. Brutaler und grausamer geht es kaum. Kognitionsforscherin Elisabeth Wehling warnt eindringlich vor solcher Verrohung: »Nur wenige metaphorische Quelldomänen sind so wirkkräftig, entwickeln so viel semantische Zugkraft wie jene des menschlichen Körpers.«[47] Fleischfressende, knochenabnagende Parasiten heraufzubeschwören ist unerträglich. Wann immer sich jemand auf NS-Rhetorik bezieht, muss das konsequent durch eine demokratische Öffentlichkeit geächtet werden. Es ist bezeichnend, dass die Entgleisung des Malermeisters die AfD nicht davon abhielt, mit Goebel als Listenkandidat bei der Bundestagswahl anzutreten.

Ermächtigungsfantasien und unverhohlene Drohungen

Markus Frohnmaier (AfD):

»Ich sage diesen linken Gesinnungsterroristen, diesem Parteienfilz ganz klar: Wenn wir kommen, dann wird aufgeräumt, dann wird ausgemistet, dann wird wieder Politik für das Volk und zwar nur für das Volk gemacht, denn wir sind das Volk, liebe Freunde.«

Quelle: Rede von Markus Frohnmaier bei einer Pegida-Veranstaltung in Erfurt im Oktober 2015

»Porträt eines Scharfmachers« nannte das *SZ*-Magazin[48] eine Titelgeschichte über den 1991 geborenen Markus Frohnmaier. Der war zum Zeitpunkt des Zitats Bundesvorsitzender der »Jungen Alternative« und sitzt seit 2017 für die AfD im Bundestag. Die *SZ* sieht in Frohnmaier ein Beispiel dafür, wie sehr die AfD von Provokationen lebe. Eine durchaus typische journalistische Lesart. Paradoxe Fußnote: Je radikaler, revisionistischer, rassistischer und demokratiefeindlicher AfD-Politiker auftreten, desto größer ihre Chance, in den Medien als Provokateure durchzugehen. Von denen in vorauseilender Beschwichtigung behauptet wird, gar nicht zu meinen, was sie sagen. Dieser Irrtum basiert auf einem Missverständnis. Journalisten gehen stets von ihrer eigenen Perspektive aus, wenn sie zu dem Ergebnis kommen: ›Das kann sie oder er doch gar nicht ernst meinen!‹ Doch, Weidel, Gauland, Höcke und eben auch Markus Frohnmaier meinen es genauso, wie sie sagen. Sie ernst zu nehmen bedeutet zuallererst, sie beim Wort zu nehmen. Dass kalkulierte Tabubrüche ein wirksames Mittel sind, um maximale Aufmerksamkeit zu erzeugen, mag stimmen. Es ist aber unzulässig, aus dieser populistischen Masche abzuleiten, dass die AfD-Ideologen weniger radikal sind als ihre Worte.

Was meint Frohnmaier also, wenn er von Aufräumen und Ausmisten spricht? Bezogen auf die angekündigte Machtübernahme (»Wenn wir kommen«) sind politische Säuberungen naheliegend. Dafür sprechen sowohl der rüde Ton als auch die gewählte Metapher. Ausgemistet werden Ställe, umgangssprachlich auch Sauställe, wobei Fäkalien beseitigt werden. Wenn das Bild des Ausmistens auf die Politik übertragen wird, ist von Willkür, Unterdrückung und Entlassungen bis hin zu Gewaltakten vieles vorstellbar. Denn es ist die Sprache von Autokraten, nicht von Demokraten. Damit kein Zweifel aufkommt, wer von den politischen Säuberungen profitieren soll, hat Frohnmaier klargestellt, dass die AfD, wenn sie denn an der Macht ist, ausschließlich Politik »nur für das Volk« machen werde. Es besteht kein Zweifel, dass dieses Volk als völkisch-deutsch verstanden wird. Frohnmaier sortiert damit alle aus, die als nicht zugehörig erachtet werden, auch sie werden damit ausgemistet. Doch damit nicht genug. Der junge Partei-Funktionär setzt die AfD und deren Anhang sogar mit dem Volk gleich: »Denn wir sind das Volk.« Eine Parole, die er dreist von der DDR-Bürgerrechtsbewegung klaut, in deren Tradition sich die AfD in Ostdeutschland zu stellen versucht. Adressaten dieser unverhohlenen Drohung und demokratiefeindlichen Anmaßung sind »linke Gesinnungsterroristen« und »Parteienfilz«, also Demokraten, die willkürlich zum Feind erklärt werden. Und der steht links und verkörpert für Frohnmaier das Böse schlechthin. Denn wer linke Einstellungen teilt, ist nicht einfach politischer Gegner, sondern »Gesinnungsterrorist«.

Diese Ermächtigungsfantasie ist kein einmaliger Ausrutscher von Markus Frohnmaier. Als die extreme Rechte nach dem gewaltsamen Tod von Daniel H. in Chemnitz Ende August 2018 zu rassistischen Demonstrationen mobilisierte, twitterte er: »Wenn der Staat die Bürger nicht mehr schützen kann, gehen die Menschen auf die Straße und schützen sich selber. Ganz einfach! Heute ist es Bürgerpflicht, die todbringende ›Messermigration‹ zu stoppen!« Regierungssprecher Steffen Seibert stellte daraufhin bei einer Pressekonferenz klar, dass in Deutschland kein Platz für Selbstjustiz sei.[49] In Chemnitz kam es in der Folge rechter Mobilisierung zu massiven Gewaltstraftaten gegen Migranten, Journalisten und einen jüdischen Gastronomen. Der Hass gegen pauschal als kriminell angefeindete Minderheiten schlug in organisierte Gewalt um. Aus ganz Deutschland reisten gewaltbereite Neonazis an und versuchten, die aufgeheizte Stimmung als Fanal für Straßengewalt und rechtsextreme Machtdemonstrationen zu nutzen. Bei den Ausschreitungen schlossen sich auch die späteren Mitglieder der Terrorgruppe »Revolution Chemnitz« zusammen, die durch Anschläge in Berlin den ersehnten *Tag X* für den politischen Umsturz herbeieskalieren wollte und später als terroristische Vereinigung verurteilt wurde.

Weder Ermächtigungsfantasien über politische Säuberungen noch verbales Zündeln gegen Minderheiten dürfen als bloße Provokationen abgetan werden. Die demokratische Öffentlichkeit muss jeden Versuch, politische Willkür und Gewalt zu enttabuisieren, rigoros ahnden. Wer der Intoleranz derart das Wort redet, greift die Grundlagen unserer demokratischen Gesellschaft an. Und eine Partei, die solche Regelbrüche nicht ahndet, muss sich diese zurechnen lassen. Bezeichnenderweise bewirkte seine Erfurter Brandrede für Markus Frohnmaier in der AfD keinen Karriereknick, sondern im Gegenteil sogar einen kräftigen Schub. Wenig später wurde er Sprecher der als gemäßigt geltenden Parteichefin Frauke Petry. Was verdeutlicht, wie fragwürdig das Etikett »gemäßigt« in Bezug auf AfD-Politiker ist.

Beatrix von Storch (AfD):

»Ja.«

Quelle: Die AfD-Politikerin Beatrix von Storch im Januar 2016 auf Facebook auf die Frage eines Users: »Wollt ihr etwa Frauen mit Kindern an der grünen Wiese den Zutritt mit Waffengewalt verhindern?«

Mit der damaligen Parteichefin Frauke Petry und ihrer Berliner Parteikollegin Beatrix von Storch waren es maßgeblich zwei Politikerinnen der AfD, die in der sogenannten Flüchtlingskrise sprachliche Entgrenzung betrieben.[50] In einem Interview mit dem *Mannheimer Morgen* sagte Petry, um illegale Grenzübertritte zu verhindern, müsse man »notfalls auch von der Schusswaffe Gebrauch machen«. Beatrix von Storch ging noch einen Schritt weiter und antwortete auf Facebook auf die dort an sie gepostete Frage, ob die AfD denn ernsthaft Waffen gegen Frauen und Kinder einsetzen wolle: »Ja.« Von Storch würde sogar auf Kinder schießen lassen. In der Presse wurde das völlig zu Recht groß aufgemacht und als Tabubruch skandalisiert. Bemerkenswert ist, dass die Dämonisierung von Kindern als gefährliche Grenzverletzer nicht von den üblichen Scharfmachern der AfD betrieben wurde, sondern von zwei Vertreterinnen des fälschlicherweise als »gemäßigt« verharmlosten Teils der Partei.

Mit den Versuchen, ihre Aussage zu rechtfertigen, machte sich Beatrix von Storch vollends lächerlich. Zunächst versuchte sie sich damit herauszureden, lediglich die Rechtslage wiedergegeben zu haben. Die *FAZ* hat detailliert aufgezeigt, dass die Bundespolizei zwar grundsätzlich befugt ist, Schusswaffen einzusetzen, wenn sich etwa eine gefährliche Person an der Grenze den Anweisungen widersetzt, der Gebrauch jedoch enge rechtliche Grenzen hat.[51] Polizeigewerkschafter Jörg Radek stellte klar: »Kein deutscher Polizist würde auf Flüchtlinge schießen«.[52] Wer derart radikale Maßnahmen vorschlage, wolle den Rechtsstaat aushebeln und die Polizei instrumentalisieren. Später korrigierte sich von Storch. Zwar dürfe nicht auf Kinder geschossen werden. Frauen seien im Gegensatz zu Kindern aber verständig. Daher könne der Einsatz von Schusswaffen gegen Frauen zulässig sein. Wohlgemerkt innerhalb der engen gesetzlichen Grenzen.[53] Als die öffentliche Kritik trotz und wegen ihrer bizarren Erklärungen nicht abriss und sich die Grenzschuss-Debatte eindeutig als intellektueller und kommunikativer Kurzschluss erwies, wechselte von Storch die Strategie und sprach schließlich von einem »technischen Fehler«. Sie sei auf ihrer Computermaus abgerutscht.[54] Für diese Dreistigkeit erntete sie zu Recht öffentlichen Hohn und Spott. Doch so lächerlich Maus-Gate endete – es sollte nicht vergessen werden, worum es bei dem Skandal eigentlich ging: um die Überzeugung, dass es mitunter richtig sei, auf wehrlose Menschen zu schießen. Nur eine von vielen Radikalisierungen der AfD.

Björn Höcke (AfD):

»Ich bin sicher, dass – egal, wie schlimm die Verhältnisse sich auch entwickeln mögen – am Ende noch genug Angehörige unseres Volkes vorhanden sein werden, mit denen wir ein neues

Kapitel unserer Geschichte aufschlagen können. Auch wenn wir leider ein paar Volksteile verlieren werden, die zu schwach oder nicht willens sind, sich der fortschreitenden Afrikanisierung, Orientalisierung und Islamisierung zu widersetzen.«

»Aber die deutsche Unbedingtheit wird der Garant dafür sein, dass wir die Sache gründlich und grundsätzlich anpacken werden. Wenn einmal die Wendezeit gekommen ist, dann machen wir keine halben Sachen, dann werden die Schutthalden der Moderne beseitigt.«

Quelle: Nie zweimal in denselben Fluss, Björn Höcke im Gespräch mit Sebastian Hennig. Manuscriptum 2018, Seiten 257, 258

Björn Höcke versucht, mit dem Titel »Nie zweimal in denselben Fluss«, der eine Anspielung auf den altgriechischen Philosophen Heraklit sein dürfte, einen intellektuellen Anspruch zu behaupten, den er nicht annähernd einlösen kann. Der AfD-Politiker lässt sich in dem Gesprächsband von seinem fragestellenden Co-Autor Sebastian Hennig die Vorlagen für ausufernde Betrachtungen über Volk und Nation servieren. Der Ton ist verquast. Die Thematik tief in alt- und neurechten Diskursen verwurzelt. Da ist von »Inzuchtdegeneration« die Rede, von Völkern, die »quasi aufgesüdet« würden. Es geht um »Massenzuwanderung«, ein behauptetes »Altparteienkartell«, die »Entnationalisierung der europäischen Völker« und vor allem um Björn Höckes politische Visionen. Das Buch ist eine Art politisches Manifest. Höckes Selbstinszenierung zielt darauf ab, sich als politischen Intellektuellen darzustellen, was gründlich misslingt, weil er durch und durch als radikaler Ideologe spricht. Der Inhalt kreist immer wieder um extrem rechte und rassistische Weltbilder und Absichten. So heißt es an einer Stelle, Völker seien »keine Rassen, sondern bestenfalls Legierungen selbiger«. Was bedeutet, dass Höcke die wissenschaftlich unhaltbare Existenz von Rassen behauptet. Rassismus im klassischen Sinne also. Doch was Höcke formuliert, geht über allgemeine rechtsextreme Ideologiereproduktion weit hinaus. Sprachlich verbrämt deutet er ethnische und politische Säuberungen an, die ohne Zwang und Gewalt gar nicht vorstellbar sind.

Ein Schlüsselsatz im Buch ist, wenn er ankündigt, dass »wir leider ein paar Volksteile verlieren werden«, wenn das ersehnte neue Kapitel der deutschen Geschichte von der AfD aufgeschlagen wird. Nämlich jene, »die zu schwach oder nicht willens sind, sich der fortschreitenden Afrikanisierung, Orientalisierung und Islamisierung zu widersetzen«. Also alle, die nicht bereit sind, am Projekt einer ethnisch homogenen Volksgemeinschaft mitzuwirken. Wer also nicht für ein rechtsextremes Gesellschaftsmodell eintritt, das als Gegenentwurf zu den rechten Überfremdungschiffren »Afrikanisierung, Orientalisierung und Islamisierung« völkisch und rassistisch angelegt ist, wird zum Feind erklärt. Diesen als Volksfeinden verstandenen Menschen droht Höcke zynisch an, dass man sie leider verlieren werde. In einer demokratischen Gesellschaft herrscht jedoch Pluralismus. Da werden keine »Volksteile« verloren. Der Historiker Götz Aly hat kommentiert, er halte Höckes Drohungen für einen »nur leicht verschlüsselten, meines Erachtens eindeutig verfassungsfeindlichen Aufruf, Waffen zu vergraben und Nächte der langen Messer vorzubereiten«.[55] Volksteile kann man nur in einem Regime »verlieren«, das zuvor willkürlich stigmatisierte gesellschaftliche Gruppen entrechtet, in Lager sperrt oder ermordet. Höckes Hinweis auf »deutsche Unbedingtheit«, die in einer politischen »Wendezeit« garantiere, dass »wir Deutschen keine halben Sachen machen«, deutet der Historiker Aly als »Fantasien zur Machtergreifung«. Diese Schlüsselstellen machen Höckes Buch zu einem wichtigen zeithistorischen Dokument. Sie zeigen, was der AfD-Politiker vorhat, wenn er könnte, wie er will. Verfassungsschutz-Präsident Thomas Haldenwang hat den Mann, der sich gern als philosophierender Intellektueller aufspielt, als Rechtsextremisten bezeichnet.

Björn Höcke (AfD):

»Ja, neben dem Schutz der europäischen Außengrenzen wird ein großangelegtes Remigrationsprojekt notwendig sein. Und bei dem wird man, so fürchte ich, nicht um eine Politik der ›wohltemperierten Grausamkeit‹, wie es Peter Sloterdijk nannte, herumkommen. Das heißt, dass sich menschliche Härten und unschöne Szenen nicht immer vermeiden lassen werden.«

»Vor allem eine neue politische Führung wird dann schwere moralische Spannungen auszuhalten haben: Sie ist den Interessen der autochthonen Bevölkerung verpflichtet und muß aller Voraussicht nach Maßnahmen ergreifen, die ihrem eigentlichen moralischen Empfinden zuwiderlaufen.«

Quelle: Nie zweimal in denselben Fluss, Seite 254

Die zweite Schlüsselstelle im Buch von Björn Höcke ist eine Umschreibung für offenkundig beabsichtigte ethnische Säuberungen. Höcke propagiert ein »großangelegtes Remigrationsprojekt«. Da niemand der hier lebenden Menschen mit nichtdeutschen Wurzeln das Land freiwillig verlassen dürfte, nur weil die AfD das so will, ist eine verharmlosend »Rückführung« genannte Abschiebung / Vertreibung ohne Zwangsmaßnahmen gar nicht vorstellbar. Zunächst müssten Millionen von Menschen zu Fremdkörpern erklärt und entrechtet werden. Danach müssten diese ihrer Rechte beraubten Menschen aus Deutschland deportiert werden, notfalls mit Gewalt. So jedenfalls lässt sich eine Politik der »wohltemperierten Grausamkeit« verstehen. Die angestrebten staatlichen Willkürmaßnahmen werden als »menschliche Härten und unschöne Szenen« verharmlost. Die seien unvermeidlich, so Höcke. Wohlgemerkt ergibt sich eine solche Notwendigkeit von Zwang und Gewalt gegen willkürlich entrechtete Menschen einzig und allein aus einem rassistischen Reinheitsgebot, das nicht mit den Grundrechten des Grundgesetzes vereinbar ist.

Wie ernst es Höcke mit seinem »Remigrationsprojekt« ist, verdeutlicht der Hinweis auf »schwere moralische Spannungen«, die eine neue Regierung auszuhalten habe. Diese müsse sogar Maßnahmen ergreifen, die »ihrem eigentlichen moralischen Empfinden zuwider laufen«. Was kann das sein? Als grundlegende moralische Standards dürfen Respekt sowie Achtung der Menschenwürde und körperlichen Unversehrtheit gelten. Höcke lässt offen, welche Maßnahmen er konkret für notwendig erachtet. Doch zusammen mit Grausamkeit und menschlicher Härte, die es gegen eigene moralische Grundüberzeugungen durchzusetzen gelte, ergibt sich das Bild von brutaler staatlicher Repression, in der Gewalt ausdrücklich nicht ausgeschlossen wird. Höcke selbst liefert zur Legitimation seiner Pläne die Erklärung, dass die neue Regierung ausschließlich »den Interessen der autochthonen Bevölkerung«, also der ethnisch definierten Deutschen, verpflichtet sei – nicht etwa Recht und Gesetz, vor dem alle gleich sind. Wobei unterstellt wird, dass sich die amoralischen Verwerfungen geradezu aus diesem einheitlichen deutschen Interesse ableiten.

Was wie eine düstere Dystopie wirkt, ist nur die logische Konsequenz völkisch-nationalistischer Ideologie. Eine ethnisch und kulturell homogene Gesellschaft ist überhaupt nur mit Gewalt und Grausamkeit realisierbar. Denn um aus einer pluralistischen Gesellschaft eine homogene Volksgemeinschaft zu machen, müsste man Menschen aufgrund ihrer Abstammung, Herkunft, Kultur und Religion voneinander trennen. Also Menschen aus ihren Berufen und Wohnorten reißen, Familien und Freunde trennen, sie festnehmen, um sie zu deportieren. Man müsste dafür rassistische Kriterien anlegen. Auf den Punkt meint Höcke damit: Deutschland den Deutschen, Ausländer raus – als Konzept ist das nichts anderes als rechtsextremistische Politik mit grausamen Folgen.

Der AfD-Ehrenvorsitzende Alexander Gauland hat gesagt, Björn Höcke sei »die Mitte der Partei«. Auch hat er Höcke einen »Nationalromantiker« genannt.[56] Ein Euphemismus, der sehr viel mehr über Gauland als über Höcke aussagt. Das Verwaltungsgericht Meiningen hat geurteilt, dass Björn Höcke als Faschist bezeichnet werden darf.

AfD-Facebookseite Hochtaunuskreis:

»Bei uns bekannten Revolutionen wurden irgendwann die Funkhäuser sowie die Presseverlage gestürmt und die Mitarbeiter auf die Straße gezerrt. Darüber sollten die Medienvertreter hierzulande einmal nachdenken, denn wenn die Stimmung endgültig kippt, ist es zu spät.«

Quelle: zitiert nach Frankfurter Neue Presse: »AfD-Fraktion im Hochtaunuskreis löscht ihre Facebook-Seite« vom 30. August 2018

Ein beliebtes, aber falsches mediales Narrativ deutet verbalen Tabu-Bruch in der AfD als Problem einzelner Personen. Meistens fällt in dem Zusammenhang der Name Björn Höcke. Dessen Radikalität werden gern »die Gemäßigten« in der AfD entgegengehalten, die Beobachter üblicherweise an der Parteibasis verorten. Der Facebook-Post des hessischen Hochtaunuskreises der AfD belegt, dass auch an der vermeintlich gemäßigten Basis bisweilen Gewaltfantasien geteilt werden. Journalisten wird damit gedroht, dass sie in einer Revolution »auf die Straße gezerrt« werden. Eine Metapher für Straßengewalt durch einen entfesselten Mob. Verbunden mit dem Warnhinweis an Journalisten: Denkt da mal drüber nach, bevor es zu spät ist. Anders gesagt: Wenn ihr so weitermacht (also kritisch berichtet), wird die Stimmung kippen und in der folgenden Revolution seid ihr dran. Eine derart unverhohlene Drohung gegenüber der Presse zeugt von einer zutiefst antidemokratischen Gesinnung.

Aufschlussreich sind die Reaktionen. Die *Frankfurter Neue Presse* berichtete einige Tage nach der Veröffentlichung: »AfD-Fraktion im Hochtaunuskreis löscht ihre Facebook-Seite«.[57] Offenbar reagierte sie damit auf die bundesweite Kritik an dem Facebook-Beitrag. Auf Nachfrage des Blattes habe der Kreis-Fraktionschef der AfD, Thomas Langnickel, die Veröffentlichung »taktisch ungeschickt« und »unglücklich« genannt. Keine Distanzierung also von der Gewaltdrohung, nur einige Floskeln, die den Vorgang herunterspielen und zur Bagatelle erklären. Zwar distanzierte sich der hessische Landesverband der AfD »aufs Schärfste« von dem Post, aber die beiden Landesvorsitzenden konnten sich lediglich zu dem Appell durchringen, Funktionsträger sollten keinen »Anlass zu Fehl- oder Überinterpretationen bieten«.[58] Aus dem vermeintlichen Eingeständnis wird dann mir nichts, dir nichts ein Vorwurf an die Presse, übertrieben oder gar falsch reagiert zu haben. Der Landesvorsitzende Robert Lambrou bekannte sich zwar zur Pressefreiheit, kolportierte aber gleichwohl Aussagen des Kreistagsfraktionsvorsitzenden Langnickel, wonach der Post nicht als Drohung, sondern nur als »Hinweis« zu verstehen sei. Der wiederum trat dann wenig später zurück, aber einmal mehr blieben als Bilanz des Skandals halbherzige Distanzierungen. Die Staatsanwaltschaft Frankfurt stellte nach einigen Monaten ihre Ermittlungen ein, weil weder der Straftatbestand der Volksverhetzung noch der Bedrohung erfüllt seien. Auch das ist typisch, denn in beiden Fällen muss eine konkrete Gruppe betroffen sein, der die Hetze oder Bedrohung gilt. Die strafrechtliche Hürde dafür ist hoch. Der Facebook-Skandal zeigt dennoch, dass in der Partei Gewaltfantasien kursieren, in denen vom politischen Umsturz und Gewalt gegen missliebige Gruppen geträumt wird.

Egbert Ermer (AfD)

»Und dieser selbe Drecksack, der wahrscheinlich Antifa, von bekifften Eltern oder sowas, hat dann abends in einer Kneipe versucht – da er ja über Tag nicht zum Zuge gekommen ist – dort noch für Stimmung zu sorgen und war leider an die falschen Norweger nämlich wieder geraten. Und diese Norweger haben noch einen etwas höheren Nationalstolz als wir und er hat diese versucht aufzusingen, hier noch gegen Deutschland in dieser Kneipe dann mit Stimmung zu machen. Die Norweger haben diesen Typen gepackt, haben ihn vor laufenden Leuten dort, links und rechts eine derartige verpasst, dass dem Hören und Sehen vergangen ist, haben ihn rausgeschleppt auf die Straße, haben ihn dann auf der Straße in den Dreck geschmissen, haben jeder auf diesen Typen drauf gespuckt und haben ihm zu verstehen gegeben: Wenn er noch mal in die Kneipe kommt, dann liegt er nicht mehr auf der Straße, sondern ein Stück tiefer. Freunde und das, und das ist … so etwas ist Nationalstolz!«

Quelle: Rede von Egbert Ermer, bis August 2018 Vorsitzender des AfD-Kreisverbands Sächsische Schweiz-Osterzgebirge, im Januar 2018 in Pirna[59]. Im Januar 2019 trat er aus.

Die Anekdote, die der Lokalpolitiker Egbert Ermer auf einer Parteiveranstaltung in der Sächsischen Schweiz erzählte, ist doppelt brisant: Zum einen wird darin politisch motivierter Gewalt ganz offen das Wort geredet. Frenetisch gefeiert von den anwesenden AfD-Anhängern in dem vollbesetzten Saal. Zum anderen ist bemerkenswert, welche Parteiprominenz da Seite an Seite mit Ermer auftrat: nämlich der Richter und Bundestagsabgeordnete Jens Maier sowie Tino Chrupalla, der später zum Parteichef der AfD aufstieg. Während Ermer Gewalt gegen politisch Andersdenkende als Nationalstolz anpries, saßen sie schweigend daneben, griffen nicht ein, machten sich dadurch mit dem Redner gemein.

Ob es sich bei der geschilderten Anekdote um einen realen Vorfall handelt ist unerheblich. Entscheidend ist der Inhalt. Da kommt ein Linker (»Drecksack«, »wahrscheinlich Antifa«) in eine Kneipe und macht Stimmung gegen Deutschland. Daraufhin setzt es Schläge von Norwegern, die ihr Opfer danach »auf der Straße in den Dreck« schmeißen und bespucken. Die Drohung, beim nächsten Mal nicht auf der Straße zu landen, »sondern ein Stück tiefer« ist nichts anderes als eine Morddrohung. All das – Gewalt, Erniedrigung und Morddrohung – hat der Redner als vorbildlichen »Nationalstolz« gepriesen. Bejubelt. Unwidersprochen. Von Anhängern wie von prominenten Parteifreunden der AfD. Dieser ungeheuerliche Tabubruch, Gewalt gegen politisch Andersdenkende bei einer öffentlichen politischen Veranstaltung zum Vorbild zu erklären, ist nahezu unbeachtet geblieben. Dabei erzählt die Geschichte viel über die AfD: Wie gedacht werden darf und was alles gesagt werden kann. Einer repräsentativen Studie der Universität Leipzig zufolge ist jeder fünfte AfD-Wähler bereit, körperliche Gewalt anzuwenden, um eigene Interessen durchzusetzen.[60]

Tatjana Festerling (ehemals Pegida Dresden):

»Wenn die Mehrheit der Bürger noch klar bei Verstand wäre, dann würden sie zu Mistgabeln greifen und diese volksverratenden, volksverhetzenden Eliten aus den Parlamenten, aus den Gerichten, aus den Kirchen und aus den Pressehäusern prügeln.«

Quelle: Pegida-Organisatorin Tatjana Festerling bei einer Demo des Leipziger Ablegers Legida am 11. Januar 2016 laut Deutscher Journalisten-Verband (DJV)

Pegida hat seit der Gründung im Jahr 2014 offenem Rassismus den Weg bereitet, denn die angebliche »Islamisierung des Abendlandes« ist ein rassistisches Konstrukt, das die Deformation und Zerstörung einer eigenen, homogen verstandenen Kultur sowie die Inbesitznahme Europas durch den (politischen) Islam behauptet. Der Historiker Volker Weiß weist darauf hin, dass der Begriff des »Abendlandes« von der christlich-jüdischen Herleitung bis zur Reichsidee eines Deutschen Reiches ganz verschiedene Definitionen ermöglicht. Der gemeinsame Nenner ist aber die Abgrenzung von dem Fremden, insbesondere vom Islam, der als unvereinbar mit dem »Abendland« dämonisiert wird. Die Vorstellung des bedrohlich Fremden wurde bei Pegida seit der Gründung in Reden und auf Plakaten kontinuierlich verbreitet. Als Redner traten neben dem eigenen Personal um Lutz Bachmann auch immer wieder Akteure der Neuen Rechten wie Götz Kubitschek auf. Die Kundgebungen in Dresden wurden zu einem Sammelbecken von sogenannten Wutbürgern und der radikalen Rechten bis hin zu Neonazis. Vielerorts bildeten sich Ableger wie Legida in Leipzig.

Entgegen der Selbstwahrnehmung als friedlicher Bürgerprotest ist die Geschichte von Pegida von permanenter Enthemmung gekennzeichnet. Rund um die Kundgebungen kam es immer wieder zu Straftaten, wenn etwa der verbotene Hitlergruß gezeigt, Journalisten und Gegendemonstranten beleidigt, bedroht und sogar attackiert wurden. Neben der Agitation gegen Migranten und Geflüchtete, die mit den Narrativen vom »großen Bevölkerungsaustausch« und gegen »Überfremdung« geführt wurde, waren das »System Merkel« und die »Lügenpresse« identitätsstiftende Feindbilder.

Aus diesen Botschaften spricht eine pauschale Elitenverachtung, die einen antagonistischen Gegensatz zwischen dem Volk und denen »da oben« behauptet. Das demokratiefeindliche Narrativ der radikalen Rechten variiert beständig die Erzählung von einer abgehobenen, korrupten und antideutsch handelnden Elite, die alle wichtigen gesellschaftlichen Bereiche von der Politik bis zur Presse beherrsche und gegen »die Deutschen« agiere, die als einheitliches Kollektiv mit einem gemeinsamen Interesse vereinnahmt werden.

Diese Propaganda hat die damalige Pegida-Führungsfigur Tatjana Festerling bei einer Rede des Leipziger Pegida-Ablegers Legida in besonders aggressiver Weise artikuliert. Sie belässt es nicht bei harscher Eliten-Kritik, sondern greift mit dem Adjektiv »volksverratenden« sogar auf NS-Rhetorik zurück, indem sie sprachlich an den zu Nazi-Zeiten oft verwendeten Begriff »Volksverräter« anknüpft. Die von ihr derart angefeindeten Eliten, so behauptet Festerling nun, würde »die Mehrheit der Bürger« von ihren Arbeitsstellen herausprügeln, wenn sie »noch klar bei Verstand wäre«. Mit anderen Worten: Festerling hält Gewalt gegen erklärte politische Feinde für vernunftgeboten und richtig. Wem sie gern Gewalt antun würde, macht sie ebenfalls deutlich: In Parlamenten sitzen demokratisch gewählte Abgeordnete. In Gerichten arbeiten Staatsanwälte und Richter und in

Kirchen sind es Priester. Der Deutsche Journalistenverband (DJV) zeigte Festerling folgerichtig an und warf der Pegida-Aktivistin Volksverhetzung vor.[61] Die Leipziger Staatsanwaltschaft konnte das nicht erkennen und stellte das Ermittlungsverfahren ein, weil angeblich die potenziellen Opfergruppen nicht konkret genug benannt worden waren. Da Festerling in ihrer Rede als Waffe die Mistgabel wählte, wurde es einfacher, die beschriebene Gewaltorgie nicht als konkretes Vorhaben zu werten. Einmal mehr reichte es bei kalkulierter öffentlicher Hassrede nicht für eine Verurteilung. Was nur zeigt, dass politischer Hetze strafrechtlich schwer beizukommen ist.

Die Wirkung solcher Reden auf die Anhänger ist indes nicht zu unterschätzen. Nicht nur, dass Umsturzfantasien normalisiert werden. Den Demonstranten wird auch suggeriert, dass Gewalt eine legitime, geradezu zwangsläufige Lösung für angebliche Missstände ist. Dieser gewaltverherrlichende Ton redet einen Bürgerkrieg herbei, den die rechtsextreme Szene ohnehin ersehnt und mancherorts sogar vorbereitet.

Lutz Bachmann (Pegida-Mitbegründer):

»Und dann haben wir auf der anderen Seite des Grabens solche Schädlinge, solche miesen Maden, die sich einerseits vom Erwirtschafteten der guten Seite, also von uns, ernähren und sich durch den Speck fressen, auf der anderen versuchen, die gute Seite zu behindern, zu diffamieren und unter dem Deckmantel des Umweltschutzes die Gesellschaft zu zerstören, um eine Art Neo-Sozialismus, Neo-Kommunismus einzuführen.«

(...)

»Den besten Beweis für die letzten Aussagen von mir bringen diese asozialen Maden selbst, indem sie stets zu Zeiten ihre staatsfeindlichen Angriffe ausführen, an denen die Menschen auf der guten Seite, auf unserer Seite, schaffen, Werte erarbeiten, von denen sich diese Parasiten ernähren.«

(…)

»Und jetzt kommt meine Idee: wie wir den Graben schließen können. Nachdem er tief genug ist, sollten wir ihn ordentlich sichern und zur Feier des heutigen Tages, des 7. Oktobers, könnte man fast die Metapher eines tatsächlich antifaschistischen Schutzwalls bemühen, denn die Faschisten stehen dort drüben – um die auf der guten Seite, die Fleißigen, die Demokratischen, die Artigen vor den Asozialen, Antidemokratischen, Faulen, Neidischen, Bösen, Dummen und aus der linksgrünen Traumwelt Stammenden zu schützen. Sie werden ohnehin nie einen Nutzen für diese Gesellschaft bringen. Und all die Unterstützer dieser Volksfeinde und die, welche die schlechte Seite des Grabens mit ihrer Indoktrination weiter vergiften, die sollen rein in den Graben. Damit können wir den Graben füllen! Wir werfen sie in den Graben. Dann schütten wir diesen Graben zu.«

(…)

»Wichtig ist aber, dass wir diesen Graben mit all dem grünen, linken und extremistischen Müll zufüllen, egal ob links, islamisch, rechts und so weiter, mit all dem Gift, welches durch Lügenpresse und Lügenmäuler in der Politik unters Volk gebracht wurden, mit all dem Neid, der gesät wurde und mit all dem Hass und Terror, welcher besonders durch die sogenannte Religion des Friedens über Europa kommt – dass wir diesen Graben damit füllen. Und auf diesen zugeschütteten Graben pflanzen wir Bäume, die dann genug CO_2 bei der Photosynthese verarbeiten.«

Quelle: Rede von Lutz Bachmann bei Pegida in Dresden am 7. Oktober 2019

Die Rede des Pegida-Mitgründers Lutz Bachmann ist im Wortsinn eine Vernichtungsfantasie, ebenso kalt und monströs wie banal. Sie wurde auf der Pegida-Bühne in Dresden gehalten und von den Anhängern begeistert beklatscht.[62] Seine Erzählung hat eine monströse Dramaturgie. Angefangen von der Entmenschlichung derjenigen, die als nutzlos hingestellt werden, bis zum schaurigen Finale einer Idylle mit schattenspendenden Bäumen auf dem zugeschütteten Graben, in dem zuvor die als »Schädlinge«, »asoziale Maden« und »Parasiten« herabgewürdigten Unterstützer der »Volksfeinde« begraben wurden. Die Mordfantasie wird nicht bloß angedeutet, sondern genüsslich auserzählt. Mit einer sozialdarwinistischen Begründung, menschenverachtendem Vokabular und unglaublichem Zynismus.

Bachmann teilt die Gesellschaft in die »Fleißigen« auf der einen Seite und die »Asozialen« auf der anderen ein. Auf der schädlichen und nutzlosen Seite des Grabens verortet der Pegida-Redner Grüne und Umweltaktivisten, die sich von den vermeintlich Rechtschaffenen und Produktiven »ernähren und durch den Speck fressen«. Seit dem Ende der nationalsozialistischen Propaganda ist es ein gesellschaftliches Tabu, Menschen als »Parasiten« zu bezeichnen und mit Schädlingen gleichzusetzen. Dieses Tabu hat Bachmann von der Pegida-Bühne aus bei einer öffentlichen Kundgebung gebrochen. Als Begründung für das Bild vom mörderischen Graben, in den die Opfer kommen sollen, gibt Bachmann vor, auf diese Weise die Guten vor jenen beschützen zu wollen, die »ohnehin nie einen Nutzen für diese Gesellschaft« haben werden. Die Vernichtung nutzloser Menschen zum Wohl der Nützlichen: Das ist faschistisches Denken. Die Nationalsozialisten handelten bekanntermaßen danach.

Das gewählte Bild vom Graben wird von Bachmann hier und da metaphorisch ausgeschmückt – als antifaschistischer Schutzwall und als Deponie für »extremistischen Müll« –, das ändert aber nichts daran, dass es Menschen sind, die in Bachmanns Erzählung im Graben enden sollen: »Damit können wir den Graben füllen! Wir werfen sie in den Graben. Dann schütten wir diesen Graben zu.« So werden die »Volksfeinde« und »ihre Unterstützer« lebendig begraben. Die Geschichte endet übrigens mit einer abstoßenden Fußnote: Unter den Bäumen, auf dem Boden also, unter dem Leichen verscharrt sind, solle man sich dann mal »eine Ruhepause« gönnen. Wenn dieses Horrorszenario Wirklichkeit werde, »dann strahlt die Zukunft für die Kinder wieder«, so Bachmann in seiner Rede. Eine solche Rhetorik, bilanziert der Historiker Volker Weiß, berausche nicht nur, sondern wecke geradezu monströse Erwartungen.

Die Vernichtungsrede reiht sich in eine Kontinuität öffentlich zelebrierter Menschenverachtung. Als Pegida-Mitgründer Siegfried Däbritz im Juli 2018 auf der Pegida-Bühne über eine Hilfsorganisation sprach, die im Mittelmeer Geflüchtete rettet, skandierten Anhänger: »absaufen, absaufen.« Als ein ARD-Team am Rande einer Pegida-Demo nach dem Mord an Walter Lübcke fragte, äußerten Teilnehmer Verständnis für die Tat. Einer hielt einen »Mord alle zwei, drei Jahre aus irgendwelchen Hassgründen« für »relativ normal«. Ein anderer bezeichnete den ermordeten CDU-Politiker als »Volksverräter«.[63] Bezeichnenderweise kam AfD-Politiker Björn Höcke Anfang des Jahres 2020 zur 200. Pegida-Veranstaltung als Jubiläums-Gastredner nach Dresden. Auf jene Bühne, von der aus Bachmann noch vor Kurzem die imaginierte Gewaltorgie über »Maden«, »Parasiten« und einen zugeschütteten Graben als Massengrab für politische Gegner verbreitet hat. In seiner Rede bezeichnete Höcke Deutschland als »Irrenhaus«, in dem sich die Patienten für die Ärzte hielten und drohte damit, die Zivilgesellschaft trockenzulegen. Das lässt sich als Kampfansage an demokratische Initiativen und Vereine wie die Amadeu

Antonio Stiftung verstehen. Die Allianz von Pegida und AfD-Prominenz gedeiht in einem Milieu, das Ermächtigungs- und Gewaltfantasien kalkuliert zur Mobilisierung und als identitätsstiftende Erzählung einsetzt. Hier werden, ungeahndet vom Verfassungsschutz, rote Linien übertrampelt, wird Enthemmung und Gewalt der Weg bereitet. Die Aufgabe der kritischen Öffentlichkeit besteht darin, dies immer wieder anzuprangern und nicht zuzulassen, dass Gewaltverherrlichung und Allmachtsfantasien als neue gesellschaftliche Normalität akzeptiert werden.

Attila Hildmann:

»Wenn ich Reichskanzler wäre, dann würde ich die Todesstrafe für Volker Beck wieder einführen, indem man ihm die Eier zertretet auf einem öffentlichen Platz.«

Quelle: Rede von Attila Hildmann in Berlin im Juli 2020[64]

Die unverhohlene Morddrohung gegen den Grünen-Politiker Volker Beck zeigt: In Deutschland können Mordfantasien ungestraft auf offener Straße propagiert werden.[65] Auch weil sich der Rechtsstaat unverständlicherweise schwertut, selbst eindeutige sadistische Gewaltandrohungen schnell und effektiv zu ahnden. Nach der Tirade vor etwa 150 Anhängern in Berlin gingen mehrere Strafanzeigen gegen den Verschwörungsideologen Hildmann ein. Sowohl das LKA Berlin als auch die Staatsanwaltschaft Cottbus bestätigten Ermittlungen. Es stellt sich gleichwohl die Frage, warum die Polizei nicht sofort einschritt, als Hildmann die Morddrohung äußerte und dafür begeisterte Zustimmung von etlichen Anhängern erfuhr, wie Videos zeigen. Wochenlang beschäftigte sich die Brandenburger Justiz mit dessen Drohungen und NS-Verharmlosungen, ohne strafbare Delikte erkennen zu können. Tatsächlich treffen bei der Morddrohung gegen Volker Beck diverse Straftatbestände nicht zu. Volksverhetzung liegt nicht vor, weil der zweifellos erfolgte Angriff auf die Menschenwürde eines Einzelnen nur dann volksverhetzend ist, wenn er aufgrund der Zugehörigkeit des Opfers zu einer bestimmten Gruppe erfolgt. Eine öffentliche Aufforderung zu Straftaten kommt auch eher nicht in Betracht, weil Hildmann seine Mordfantasie mit einem unrealistischen Szenario im Konjunktiv einleitet: »Wenn ich Reichskanzler wäre«. Bleibt Bedrohung nach Paragraf 241 des Strafgesetzbuches. Demnach macht sich strafbar, wer Menschen mit einem Verbrechen bedroht. Wobei auch hier fragwürdig ist, ob Staatsanwälte und Richter eine konkrete Bedrohung erkennen, wenn die Mordabsicht an eine Reichskanzlerschaft geknüpft wird. Derzeit nutzen Hetzer wie Hildmann die juristischen Grauzonen, um ihre menschenverachtenden Gewaltfantasien zu verbreiten. Oder anders gesagt: Um ungestraft Menschen mit dem Tod zu bedrohen, braucht man die Drohung nur in eine entsprechend absurde Erzählung einbetten. Das Perfide: In den digitalen und sonstigen Resonanzräumen, beim Messenger-Dienst Telegram und auf der Straße, kommt die Kernbotschaft an: Das Opfer gehört vernichtet. Bei den aufgeputschten Anhängern kann das eine Verrohung und letztlich einen gefährlichen Gewaltexzess bewirken. Der Gesetzgeber ist gefordert, die Gesetze dahingehend zu prüfen, dass Hass und Mordfantasien nicht länger mithilfe rhetorischer Taschenspielertricks ungestraft bleiben. Und Polizei und Justiz sind gefragt, die bestehenden Gesetze restriktiv anzuwenden. Nachdem man Hildmann lange untätig zugesehen hat, verbot die Berliner Versammlungsbehörde nach seiner Morddrohung im Juli 2020 seine nächste Kundgebung mit der Begründung, dass weitere Straftaten zu erwarten seien.[66] Ein überfälliges Signal: Denn eine freie Gesellschaft, die öffentliche Morddrohungen toleriert, setzt ihre Grundlagen aufs Spiel.

Michael Ballweg (Querdenken 711):

»Dieses Grundgesetz, das nach Vollendung der Einheit und Freiheit Deutschlands für das gesamte deutsche Volk gilt, verliert seine Gültigkeit an dem Tage, an dem eine Verfassung in Kraft tritt, die von dem deutschen Volke in freier Entscheidung beschlossen worden ist. Deshalb starten wir heute damit, uns eine eigene Verfassung zu geben, die diese Schwächen behebt und die Macht an uns, die Menschen, zurückgibt. Die Verfassung soll sich der Souverän geben und nicht Bundestag und Bundesrat. Ich habe das noch nie gemacht. Ich habe in den letzten Wochen gelernt, dass meine Stärke darin liegt, Menschen zu vereinen. Deshalb bin ich frohen Mutes, dass wir das gemeinsam hinbekommen. Ihr steht heute hier, weil ihr nicht mehr wollt, dass euch jemand sagt, wie ihr zu leben und zu denken habt. Und wir sind die verfassungsgebende Versammlung. Ich rufe alle Menschen bundesweit auf, nach Berlin zu kommen und gemeinsam mit uns an einer neuen Verfassung zu arbeiten.«

Der Gründer der Initiative Querdenken 711, Michael Ballweg, in einer Rede am 29. August 2020 in Berlin

Manchmal kommt verfassungsfeindliche Selbstermächtigung mit weicher Stimme und im Gestus des Basisdemokraten daher wie im Fall von Michael Ballweg, dem Gründer der Initiative Querdenken. Was als Protestbewegung gegen die Corona-Maßnahmen begann, radikalisierte sich schnell zu einer außerparlamentarischen Fundamentalopposition. Zu der Großdemo Ende August 2020 in Berlin versammelten sich heterogene Gruppen, die auf den ersten

Blick wenig miteinander gemein haben. Impfgegner, Friedensbewegte, Esoteriker, Menschen im Hippie-Look, Anhänger des QAnon-Kults, Antisemiten, Reichsbürger und Neonazis. Doch die Vielfalt im Habitus sollte nicht über die verbindenden verschwörungsideologischen Schnittmengen hinwegtäuschen. Auffallend war, dass wie schon bei vorherigen Demonstrationen keinerlei Abgrenzung zum organisierten Rechtsextremismus zu beobachten war. So hatte das NPD-Sprachrohr »Deutsche Stimme« einen Wagen in der Nähe der Siegessäule aufgebaut, wo die große Kundgebung von Querdenken stattfand. An diesem Tag war die schwarz-weiß-rote Reichsfahne, deren antidemokratische Botschaft organisierten Rechtsextremisten bisweilen als Ersatz für verbotene Hakenkreuz-Fahnen dient, ein bestimmendes Symbol rund um die Siegessäule.

Querdenker-Initiator Ballweg zitiert anfangs Artikel 146 des Grundgesetzes, wonach dessen Gültigkeit ende, wenn das deutsche Volk eine Verfassung beschließe. In der Reichsbürger-Szene wird seit Langem agitiert, das Grundgesetz sei gar keine richtige Verfassung und müsse daher durch eine echte ersetzt werden. Das Bundesverfassungsgericht hat in seiner Rechtsprechung ausdrücklich verneint, dass sich aus Artikel 146 GG die Pflicht ergebe, eine Volksabstimmung über eine neue Verfassung abzuhalten.[67] Der Staatsrechtler Bernd Grzeszick hat kategorisch klargestellt, dass das Grundgesetz alle Voraussetzungen für eine funktionierende Verfassung erfüllt.[68] Ballweg fordert nun angesichts gravierender Einschränkungen von Grundrechten im Zuge der Corona-Pandemie nicht etwa ein, dass diese fundamentalen Bürgerrechte konsequent weitergelten müssen, sondern kündigt an, »uns eine eigene Verfassung zu geben«. Um die Macht »an uns, die Menschen« zurückzugeben. Ganz so, als sei uns hierzulande durch das Grundgesetz, das immerhin seit 1949 diese Demokratie garantiert und stabilisiert, die Souveränität entzogen. Es geht Ballweg also gar nicht um konkrete und situativ zu behebende Missstände, sondern um einen Bruch mit dem großen Ganzen.

Ballweg belässt es nicht dabei, die massiven staatlichen Eingriffe in Freiheitsrechte durch die Corona-Verordnungen zu kritisieren, sondern unterstellt, es werde derzeit vorgeschrieben, wie Menschen »zu leben und zu denken« hätten. Davon ausgehend versteigt er sich zu einer bemerkenswerten Selbstermächtigung: »Wir sind die verfassungsgebende Versammlung.« Im Klartext: Seine eigene Initiative ist angeblich legitimiert, eine neue Verfassung auf den Weg zu bringen. Mehr noch: Er erklärt Querdenken zum verfassungsgebenden Organ. Sich selbst schreibt er aufgrund eines behaupteten Talents die Rolle zu, in diesem Prozess »Menschen zu vereinen«. Es stellt sich die Frage: Wer und was berechtigt ihn dazu, Verfassungsvater zu werden? Zu der Demo in Berlin waren zwar einige Zehntausend Menschen gekommen. Ballweg konnte sich mit seiner Anmaßung aber keineswegs auf eine schweigende Mehrheit berufen. Umfragen bescheinigten der Bundesregierung im Verlauf des Jahres 2020 nämlich immer wieder eine große Zustimmung bezüglich der Maßnahmen zur Pandemie-Bekämpfung. Ballweg sprach also allenfalls für eine laute, radikale Minderheit. Seine verfassungsfeindliche Selbstermächtigung ergänzte er um den Aufruf »an alle Menschen bundesweit«, nach Berlin zu kommen und eine neue Verfassung auf den Weg zu bringen. Die selbst ernannten Querdenker duldeten also nicht nur Reichsbürger und organisierte Rechtsextremisten in ihren Reihen, sondern griffen selbst das Grundgesetz an.

Wie schnell umstürzlerische Rhetorik einerseits und ein Pakt mit extremen Rechten andererseits in Gewalt münden kann, zeigte die Querdenker-Demo am 7. November 2020 in Leipzig. Da griffen Neonazis und Hooligans an der Spitze eines nicht genehmigten Demo-Zuges Polizei und Journalisten an und prügelten für die Demonstranten dahinter den Weg über den symbolträchtigen Leipziger Ring frei.

Bürgerlicher Rassismus und populistische Trittbrettfahrer

Thilo Sarrazin (SPD):

»Das Muster des generativen Verhaltens in Deutschland seit Mitte der sechziger Jahre ist nicht nur keine Darwinsche natürliche Zuchtwahl im Sinne von ›survival of the fittest‹, sondern eine kulturell bedingte, vom Menschen selbst gesteuerte negative Selektion, die den einzigen Rohstoff, den Deutschland hat, nämlich Intelligenz, relativ und in hohem Tempo vermindert.«

Quelle: Thilo Sarrazin in: Deutschland schafft sich ab, DVA 2010, Seite 353

»Dass die autochthonen Deutschen innerhalb kürzester Zeit zur Minderheit in einem mehrheitlich muslimischen Land mit einer gemischten, vorwiegend türkischen, arabischen und afrikanischen Bevölkerung werden, wäre die logische und zwingende Konsequenz aus dem Umstand, dass wir als Volk und Gesellschaft zu träge und zu indolent sind, selbst für ein bestandserhaltendes, unsere Zukunft sicherndes Geburtenniveau Sorge zu tragen, und diese Aufgabe quasi an Migranten delegieren.«

Quelle: Thilo Sarrazin in: Deutschland schafft sich ab, Seite 360

Mit seinem Millionen-Bestseller »Deutschland schafft sich ab« hat Thilo Sarrazin den rassistischen und völkischen Diskurs erfolgreich im Bürgertum etabliert.[69] Für die radikale Rechte hat der langjährige Sozialdemokrat und ehemalige Vorstand der Bundesbank damit mehr erreicht als NPD, Republikaner und sämtliche Autoren neurechter Publikationen zusammen. Die Kernbotschaften seines Buches: Ungebildete Migranten vererben durch ihre gesteigerte Fortpflanzungsquote nicht nur kollektiv mindere Intelligenz, sondern sorgen auch für einen schleichenden Tod des »Deutschen« schlechthin. In Sarrazins Buch mischen sich Laien-Eugenik, Rassismus und Untergangs-Rhetorik. Mit einem kruden Zahlensalat versucht der Autor zu belegen, dass es ethnische Gruppenunterschiede bei der Intelligenz gibt und dass diese kollektiv vererbt werden.[70] Familienplanung und Kinderkriegen sind bei Sarrazin keine individuellen Lebensentscheidungen selbstbestimmter Menschen, sondern werden zum nationalen Projekt zur Bewahrung des Deutschtums. Über allem schweben die Drohungen: Deutschland wird dümmer! Das Deutsche und die Deutschen werden verschwinden!

Das Weltbild von Sarrazin ist tief in sozialdarwinistischem Denken verwurzelt. Er beklagt, dass Deutsche »keine Darwinsche natürliche Zuchtwahl im Sinne von ›survival of the fittest‹« betreiben. Damit stellt er sich in jene durch die Nationalsozialisten vollends diskreditierte Tradition, die natürliche Auslese durch das Überleben des Stärkeren in der Tierwelt auf menschliche Gesellschaften überträgt. Ein Tabubruch, der wie viele von Sarrazins fragwürdigen Thesen als diskussionswürdig erachtet wurde, weil sie von einer vermeintlich relevanten Persönlichkeit geäußert wurden. Allein mit der positiven Bezugnahme auf eine »Zuchtwahl« verlässt Sarrazin einen historischen Konsens, dass als Lehre aus dem Nationalsozialismus auf Eugenik, also die Verbesserung des biologischen Erbguts von Menschen, hierzulande verzichtet wird. Stattdessen behauptet er im unheilvollen Sound des Eugenikers eine kulturell bedingte, intelligenzvernichtende »negative Selektion«. Sarrazins Parteifreund Sigmar Gabriel kritisierte diese pseudowissenschaftlichen Gedankenspiele nach der Veröffentlichung in einem Essay als »Anleitung zur Menschenzucht«.[71] So klar urteilten anfangs nur wenige Beobachter. Sarrazin hatte publizistisch einen Tabubruch begangen, indem er rassistisch argumentierte und an die vollends diskreditierte Eugenik anknüpfte. Dennoch wurde er von diversen Leitmedien hofiert wie ein Hellseher.[72]

Sarrazin hat gedanklich vorweggenommen, was einige Jahre später mit Pegida auf die Straßen und Plätze und mit der AfD sogar ins Parlament und die Landtage gezogen ist: die Angst vor einer Vermischung von Ethnien und Kulturen in einem diesbezüglich vermeintlich weitgehend homogenen deutschen Volk. Afrikanisierung, Islamisierung, Überfremdung – der ideologische Kern dieser rassistischen Schlagworte und Konstrukte ist schon bei Sarrazin angelegt. Er fürchtet, die Deutschen würden zur Minderheit im eigenen Land werden, verdrängt von Türken und Afrikanern. Ein Szenario, das wenige Jahre später in den Reden von Björn Höcke und Alexander Gauland wieder auftauchen wird. Die schon im Buchtitel dramatisch anklingende Befürchtung: Die Deutschen verschwinden, denn aus ihnen wird ein sogenanntes Mischvolk. Sarrazin outet sich als Vertreter einer Ideologie ethnischer Kollektive. Das deutsche Kollektiv betrachtet er unter dem Blickwinkel der Reproduktion, so wird aus dem Kinderkriegen eine Aufgabe zum Wohle der deutschen Gemeinschaft. Allerdings hadert er mit seinen Deutschen, weil »wir als Volk und Gesellschaft zu träge und zu indolent sind« für ausreichende Fortpflanzung. Wieder sind es nicht Paare, die sich aus Liebe und freien Stücken für eine Familie entscheiden, sondern die paarungsmüden Deutschen delegieren »diese Aufgabe quasi an Migranten«. Darauf muss man erst mal kommen.

Sarrazins Weltbild ist extrem statisch: Deutsche sind Ur-Deutsche. Migranten bleiben immer Migranten, egal wie lange oder in der wievielten Generation sie schon hier leben. Das skizzierte Schreckensszenario von den angeblich minderbemittelten Türken, Arabern und Afrikanern, die Deutsche erst zur Minderheit und dann zur bedrohten Spezies machen, beraubt Menschen ihrer Individualität, degradiert sie zu einer kollektiven Bedrohung und knüpft an unheilvolle Traditionen an. Egal, wie man es dreht und wendet: »Zuchtwahl« und »Selektion« taugen nicht als familienpolitische Kategorien für eine gesellschaftliche Zukunftsvision. Sie zu bemühen, hätte eigentlich dazu führen müssen, den Autor im Diskurs rechts liegen zu lassen.

Thilo Sarrazin (SPD):

»Die westlichen und europäischen Werte und die jeweilige kulturelle Eigenart der Völker sind es wert, bewahrt zu werden. Dänen sollen auch in 100 Jahren als Dänen unter Dänen, Deutsche als Deutsche unter Deutschen leben können, wenn sie das wollen.«

Quelle: Thilo Sarrazin in: Deutschland schafft sich ab, Seite 391

»Deutschland wird nicht mit einem Knall sterben. Es vergeht still mit den Deutschen und mit der demographisch bedingten Auszehrung ihres intellektuellen Potentials.«

Quelle: Thilo Sarrazin in: Deutschland schafft sich ab, Seite 393

Die »kulturelle Eigenart der Völker«, die es unter allen Umständen zu bewahren gelte, ist ja bekanntlich ein zentrales Motiv im neurechten Ethnopluralismus. Zur Erinnerung: Anders als im Rassismus der Alten Rechten wird die Forderung nach Homogenität dabei nicht mit der Minderwertigkeit anderer Ethnien begründet, sondern damit, dass jede Ethnie angeblich so bewahrt werden müsse, wie sie »organisch« gewachsen sei. Das klingt harmlos und sogar tolerant. Aber am Ende laufen beide Konzepte auf das Gleiche hinaus, nämlich auf die ganz und gar nicht friedliche Formel: Ausländer raus! Bei Sarrazin hört sich das so an: Deutsche sollen »als Deutsche unter Deutschen leben können, wenn sie das wollen«. Das suggeriert eine freie, quasi demokratische Wahl. Aber Kinderkriegen ist eben nicht die Entscheidung von Völkern, sondern von Individuen. Zudem: Deutsche leben ja schon heute nicht nur unter Deutschen, spätestens seit dem 17. Jahrhundert mit Einwanderung von französischen Hugenotten ist das so. Von Sarrazins Statement ist es nicht weit zur Parole »Deutschland den Deutschen«, die auf rechtsextremen Demos seit Langem folgendermaßen endet: »Ausländer raus«. Sarrazin beschreibt eine ethnische Homogenität, die weder wünschenswert noch ohne staatliche Gewalt realisierbar ist.

Sarrazin entwirft ein apokalyptisches Szenario, das auf ein schreckliches Finale hinausläuft: das Ende Deutschlands. Deutschland werde »sterben«, so der Autor, aber »nicht mit einem Knall«, sondern »still«. In der extremen Rechten kursiert der Verschwörungsmythos vom nahenden »Volkstod«. Die Parallelen liegen auf der Hand. Auch Björn Höcke wiederholt beständig die Erzählung von einem Deutschland, das sich auflöse wie ein Stück Seife unter einem Wasserstrahl. Es ist Thilo Sarrazin, der das Narrativ vom schleichenden Ende Deutschlands bis in die bürgerliche Mitte hinein salonfähig gemacht hat.

Aufschlussreich ist die Rezeption des Buches, dessen Thesen weder sonderlich originell noch wissenschaftlich fundiert waren. Sarrazin bekam gleichwohl Vorabdrucke in

Bild und *Spiegel*. Das Buch verkaufte sich millionenfach. Sarrazin war Dauergast in allen relevanten Polit-Talks der Öffentlich-Rechtlichen – und beklagte dennoch wie auch etliche Anhänger eine political correctness, die angeblich sein Recht auf freie Rede beschneide. Eine absurde Behauptung. Kein Sachbuchautor bekam in den vergangenen Jahren hierzulande mehr Aufmerksamkeit. Keine Debatte wurde so mit Aufmerksamkeit überschüttet wie die über angeblich fehlgeleitete kollektive Fortpflanzung, unterstellte Verdummung und ein vermeintlich in Lebensgefahr schwebendes Deutschland. Widerspruch gegen den rassistischen Kern seiner kruden Thesen wurde von Sarrazin als Angriff auf die freie Rede diskreditiert. Aber freie Rede beinhaltet nicht das Recht auf kritiklose Hinnahme von Unsäglichkeiten und gefährlichem Gedankengut. Keiner hat das Recht auf Applaus. Meinungsfreiheit beinhaltet im Gegenteil, Kritik aushalten zu müssen. Namhafte Kritiker Sarrazins wie der mittlerweile verstorbene Herausgeber der *FAZ*, Frank Schirrmacher, zerlegten eindrucksvoll dessen Laien-Eugenik.[73] Doch die Wirkung von Sarrazin ist nicht zu unterschätzen. Er hat geschafft, was weder den Republikanern noch der NPD je gelungen ist: Nämlich einen rassistischen Diskurs gesellschaftlich zu etablieren, der bis heute nachwirkt. Sarrazin hat eine Vorlage geliefert, die von Akteuren der radikalen Rechten bereitwillig aufgegriffen wurde. Das ehemalige Vorstandsmitglied der Bundesbank kann als Ahnherr einer neuen völkischen Bewegung gelten. Die SPD brauchte mehrere Jahre, um ihn aus der Partei auszuschließen.

Markus Söder (CSU):

»Wir müssen endlich unsere Grenzen wirksam sichern. Dazu gehört natürlich die Zurückweisung. Der Asyltourismus muss

beendet werden. Deutschland darf nicht endlos auf Europa warten, sondern muss selbstständig handeln.«

Quelle: Markus Söder auf Twitter am 14. Juni 2018

Es war die Zeit, als die CSU auf einen harten rechtspopulistischen Kurs einschwenkte. Als Reaktion auf eine erstarkende AfD und in der Annahme, damit den richtigen Ton bei der eigenen konservativen Wählerschaft in Bayern zu treffen. Ministerpräsident Söder setzte den Ton. Indem er wie auch Horst Seehofer behauptete, deutsche Grenzen müssten »endlich wirksam« geschützt werden. Was nichts anderes bedeutet als eine Abkehr von einem Europa ohne Grenzkontrollen, das seit 1995 im Schengen-Raum Realität ist. Während Seehofer die Berliner Koalition mit immer neuen Forderungen und Vorstößen von einer Regierungskrise in die nächste stürzte, heizte Söder die Debatte um die Migrationspolitik mit dem menschenverachtenden Wort »Asyltourismus« an. Damit griff er auf eine Vokabel zurück, die schon in den 1980er-Jahren von CDU-Politikern verwendet und spätestens in den 1990er-Jahren zum rechten Kampfbegriff geworden war.[74] Obwohl im Jahr 2018 laut Uno durchschnittlich sechs Menschen pro Tag bei dem Versuch ertranken, das Mittelmeer in Richtung Europa zu überqueren, suggerierte Söder, Flucht sei eine Art Urlaubstripp.[75] Damit setzte er einen Deutungsrahmen, der an Erholung, Entspannung und ein leichtes fröhliches Leben denken lassen. Kein Wort davon, dass die Realität für Geflüchtete in Lagern wie in der Türkei aus Notbehausungen und einem Leben in Mangel besteht. In Libyen auch aus Folter und Vergewaltigung. Die geäußerte Menschenverachtung ging für Söder indes nicht auf. Nach harscher Kritik von allen Seiten – sogar Bundespräsident Steinmeier mahnte zu einem sorgsameren Umgang mit der Sprache – kündigte

Söder zunächst an, das Wort »Asyltourismus« nicht weiter zu verwenden. Jedoch nicht ohne die Ankündigung mit der trotzigen Bemerkung zu verbinden, das sage nichts über seine »persönliche Wertung«. Demonstrative Uneinsichtigkeit.[76]

Söder korrigierte seinen Rechtskurs erst, als die CSU in Umfragen massiv schwächelte. Denn viele konservative Christen in Bayern schätzten es keineswegs, dass ihr Ministerpräsident am rechten Rand nach Stimmen fischte. Das bescheidene CSU-Ergebnis von 37,2 Prozent bei der Landtagswahl, bei der Söder herbe Verluste von über 10 Prozent hinnehmen musste, war dann zwar eine Ohrfeige für ihn. Zugleich war es dem Machtmenschen Söder aber im letzten Moment gelungen, die AfD klein zu halten. Weil er seinen Ausflug in den Rechtspopulismus rechtzeitig beendet und auf klare Abgrenzung zur AfD gesetzt hatte. Nach der Wahl räumte Söder demütig seinen Lernprozess ein und setzt seither in Inhalt und Ton auf einen moderaten Konservatismus mit grünem Anstrich. Demokratische Politiker können von Söder durchaus lernen. Anbiederung an rechte Radikalität zahlt sich nicht aus. Im Gegenteil. Nur wer selbstbewusst demokratische Werte und Positionen vertritt und eine Grenze nach rechts markiert, punktet gegen die AfD.

Alexander Dobrindt (CSU):

»Es ist nicht akzeptabel, dass durch eine aggressive Anti-Abschiebe-Industrie bewusst die Bemühungen des Rechtsstaates sabotiert und eine weitere Gefährdung der Öffentlichkeit provoziert wird.«

Quelle: Alexander Dobrindt in der BILD am Sonntag am 6. Mai 2018

Der CSU-Landesgruppenchef im Bundestag, Alexander Dobrindt, setzte sich im Jahr 2018 gegen harte Konkurrenz aus der eigenen Partei durch und sicherte sich mit der Neuschöpfung »Anti-Abschiebe-Industrie« das »Unwort des Jahres«. Diesen Titel vergibt eine unabhängige Jury, der vor allem Sprachwissenschaftler angehören, jährlich für besonders kritikwürdigen Sprachgebrauch.[77] Dobrindt hatte argumentiert, dass den inneren Frieden gefährde, wer mit Klagen versuche, die Abschiebung von kriminellen Asylbewerbern zu verhindern. Die Sprach-Jury stellte dazu treffend fest, dass Dobrindt geltendes Recht verhöhnt, wenn er den gesetzlich garantierten Rechtsweg in dieser Weise verunglimpft. Rechtsanwälten werde unterstellt, das große Geld damit machen zu wollen, indem sie kriminelle Asylsuchende schützen. Der Ausdruck »Industrie« suggeriere, »es würden dadurch überhaupt erst Asylberechtigte produziert«, so die Jury. Sie warf dem CSU-Politiker vor, den politischen Diskurs in gefährlicher Weise nach rechts verschoben und »Sagbarkeitsregeln« verändert zu haben.[78]

Solche verbalen Grenzverletzungen sind kein Zufall, sondern wirken wohlkalkuliert und strategisch. In diesem Fall wird so ein völlig legitimes und wichtiges rechtsstaatliches Grundprinzip delegitimiert. Und unverzichtbare Akteure, nämlich Rechtsanwälte, gleich mit. Die Botschaft ist so durchschaubar wie gefährlich: Schon wer kriminelle Migranten juristisch vertritt, macht sich mitschuldig. Weil damit »eine weitere Gefährdung der Öffentlichkeit provoziert wird«, wie Dobrindt behauptet. Folgte man dieser Logik, wäre jeder rechtliche Beistand für einen Angeklagten verurteilenswert, weil damit immer potenzielle Straftäter geschützt werden. Das ist gefährlicher Populismus, denn unser Rechtssystem garantiert selbstverständlich jedem, sich bestmöglich zu verteidigen. Aber natürlich greift Dobrindt nicht die rechtsstaatliche Praxis per se an, sondern nur in Bezug auf Asylsuchende, was seiner Argumentation einen rassistischen Beigeschmack gibt. Seine verbale Attacke zielt nicht zufällig auf Grundlagen unserer Rechtsordnung, sondern wirkt wie der kalkulierte Versuch, in einem asylfeindlichen Klima mit der Attacke punkten zu können. Es bedurfte des kategorischen öffentlichen Widerspruchs und auch symbolträchtiger Kritik durch das »Unwort des Jahres«, um den Tabubruch des CSU-Politikers sichtbar zu machen.

Horst Seehofer (CSU):

»Wer zu uns kommt, dauerhaft hier bleiben will, keine Parallelgesellschaften organisiert – der das Miteinander und nicht das Gegeneinander möchte, der ist bei uns willkommen – und wenn er vor allem seinen Lebensunterhalt bestreiten kann (...) Wogegen wir größte Vorbehalte und Bedenken haben, und da werden wir uns in der Berliner Koalition sträuben bis zur letzten Patrone, liebe Freunde, und niemals nachgeben: dass wir eine Zuwanderung in die deutschen Sozialsysteme bekommen. Das wollen wir nicht.«

Quelle: Horst Seehofer beim Politischen Aschermittwoch der CSU in Passau am 9. März 2011

Im politischen Diskurs bleiben oft nur Schlagworte. »Bis zur letzten Patrone« ist so eins. Horst Seehofer war es, der in der hochsensiblen Debatte um Asyl und Zuwanderung Kriegsrhetorik bemühte. Spätestens nach der Asyldebatte der 1990er-Jahre, nach Rostock-Lichtenhagen, Hoyerswerda und brennenden Asylbewerberheimen, verbietet sich eine derart martialische Sprache. Weil bekannt ist, dass sie den Nährboden für rassistische Gewalt bildet. In den 1990er-Jahren ging der pogromartigen Gewalt verbale Brandstiftung voraus. Das wirkmächtige Narrativ vom »massenhaften Asylmissbrauch«, begangen von »Asylanten« und »Wirtschaftsflüchtlingen«, das politisch und medial befeuert wurde, mündete in Gewaltexzessen bis hin zum Rechtsterror. Für dieses finstere Kapitel deutscher Nachkriegsgeschichte stehen bis heute Ortsnamen wie Hoyerswerda, Mölln und Solingen. In Hoyerswerda gab es 1991 tagelang Angriffe auf ein Wohnheim ehemaliger DDR-Vertragsarbeiter sowie auf eine Flüchtlingsunterkunft. Die Ausschreitungen lösten bundesweit eine Welle rassistischer Gewalt aus. Bei den Brandanschlägen in Mölln und Solingen ermordeten rechtsextremistische Täter insgesamt acht Menschen und verletzten mehrere schwer. Der Staat reagierte auf den entfesselten Rassismus mit demonstrativer Härte – zynischerweise jedoch nicht gegen die rechten Gewalttäter, sondern gegen Migranten. Das Ergebnis vom sogenannten »Asylkompromiss« war eine Verschärfung des Asylrechts am 26. Mai 1993.[79] Eine Zweidrittelmehrheit stimmte im Bundestag der Grundgesetzänderung zu. Die beschlossene »Drittstaatenregelung« bewirkte, dass Asylbewerber, die über einen sicheren Drittstaat nach Deutschland einreisen, hierzulande per se keinen Anspruch auf Asyl haben, auch wenn sie in ihrer Heimat politisch verfolgt wurden. Da Deutschland von sicheren Staaten umgeben ist, blieb also nicht viel vom Recht auf Asyl übrig. Man kann das durchaus als Einknicken vor dem Mob werten. Der rechtsextreme Anschlag, bei dem in Solingen im Wohnhaus der Familie Genc zwei junge Frauen und drei Mädchen ermordet wurden, erfolgte übrigens nur drei Tage nach dem »Asylkompromiss«.

Seit den 1990er-Jahren muss also jedem bewusst sein, dass einen gesellschaftlichen Flächenbrand riskiert, wer bei diesem Thema zündelt. Wobei Brand hier ganz wörtlich gemeint ist. Betrachtet man den Rahmen von Seehofers Rede, fällt zweierlei auf: Erstens nutzte er die Kriegsmetapher in der Zeit nach der großen Finanzkrise, in der offenkundig geworden war, dass die Stabilität westlicher Demokratien sehr viel stärker von Banken bedroht wird, die mit Schrottpapieren handeln, als von Asylsuchenden, deren Zahl in jenen Jahren überschaubar blieb. Zweitens gilt es zu bedenken, dass Seehofer seine Rede beim Politischen Aschermittwoch hielt, wo traditionell derb gegen die politische Konkurrenz ausgeteilt wird, was aber keine Entschuldigung ist. Während Politiker in den 1990er-Jahren unverhohlen gegen »Asylbetrüger« hetzten, formuliert Seehofer subtiler und warnt vor der »Zuwanderung in die deutschen Sozialsysteme«. Damit sind Asylsuchende und Geflüchtete gemeint, da diese während des Asylverfahrens gar nicht arbeiten dürfen. Obwohl also eine gewisse Mäßigung im Ton durchaus erkennbar ist, bedient Seehofer gleichwohl das Feindbild vom Fremden, der deutschen Steuerzahlern auf der Tasche liegt. Damit schürt er Vorurteile und diskreditiert das Grundrecht auf Asyl. Menschen in Not werden als wirtschaftliche Last herabgewürdigt und als unliebsamer Kostenfaktor betrachtet. Der politische Zynismus war kein Zufall, sondern wirkt kalkuliert. Seinerzeit versuchten sich führende Unionspolitiker als rechte Scharfmacher, offenbar beflügelt von der Sarrazin-Debatte.[80]

Die Phrase von der »letzten Patrone« richtet sich zwar im unmittelbaren Redekontext nicht direkt gegen Geflüchtete, sondern beschreibt metaphorisch, dass die CSU innerhalb der Koalition gegen Zuwanderung zu kämpfen bereit ist. Aber es bleibt die Botschaft: Notfalls ist die CSU bereit, sich mit Waffengewalt dagegen zu wehren, dass Menschen zu uns kommen, die auf staatlichen Schutz und Hilfe angewiesen sind. Auch nach den erschütternden Erfahrungen der 1990er-Jahre mit brennenden Asylunterkünften und partiell kapitulierenden Sicherheitsbehörden mochte Seehofer also nicht darauf verzichten, martialisch Stammtischstimmung auf Kosten von hilfsbedürftigen Menschen zu machen. Ein populistischer Überzeugungstäter, der einige Jahre nach seinem Bierzeltradikalismus in der sogenannten Flüchtlingskrise sogar den Bruch der Berliner Regierungskoalition riskierte, um sich als asylpolitischer Hardliner zu positionieren.

Christian Lindner (FDP):

»Man kann beim Bäcker in der Schlange nicht unterscheiden, wenn einer mit gebrochenem Deutsch ein Brötchen bestellt, ob das der hoch qualifizierte Entwickler künstlicher Intelligenz aus Indien ist oder eigentlich ein sich bei uns illegal aufhaltender, höchstens geduldeter Ausländer. Damit die Gesellschaft befriedet ist, müssen die anderen, die in der Reihe stehen, damit die nicht diesen einen schief anschauen und Angst vor ihm haben, müssen sich alle sich sicher sein, dass jeder, der sich bei uns aufhält, sich legal bei uns aufhält. Die Menschen müssen sich sicher sein, auch wenn jemand anders aussieht und noch nur gebrochen Deutsch spricht, dass es keinen Zweifel an seiner Rechtschaffenheit gibt.«

Quelle: Rede auf dem FDP-Parteitag am 12. Mai 2018

FDP-Chef Christian Lindner lieferte ein perfides Beispiel für rassistisch gefärbte Trittbrettfahrerei. Ausgerechnet Lindner, der seinerseits CSU-Chef Markus Söder vorwarf, sich mit seinem Wort vom »Asyltourismus« aus dem »Repertoire der politischen Gossensprache« bedient zu haben. Lindner beteiligte sich an dem konservativen Überbietungswettbewerb rund um das Thema Asyl mit einer fiktiven Anekdote, in der nichts zusammenpasst. Das fängt schon mit der Szenerie an. Lindner behauptet allen Ernstes, dass sich in der Warteschlange beim Bäcker Angstgefühle breitmachen, weil niemand sicher sein kann, ob er neben einem guten Ausländer (Entwickler aus Indien) oder einem bösen Ausländer (höchstens geduldet) stehe. Abgesehen davon, dass niemand sich überhaupt je sicher sein kann, ob er es im täglichen Miteinander mit einem harmlosen Mitmenschen oder einem Mörder zu tun hat, verklärt diese groteske Anekdote einen rassistischen Blick nicht nur zur Normalität, sondern geradezu zur Norm. Argwohn aufgrund äußerer Merkmale ist demnach nur allzu verständlich, weil ja keiner sicher sein kann, ob der Beargwöhnte überhaupt da sein darf. In seiner Erzählung macht Lindner den rassistischen Blick quasi zur Grundlage eines bedrohten Sicherheitsempfindens: »wenn jemand anders aussieht«. Diese beiläufig eingestreute Floskel lohnt es zu hinterfragen. Was meint das eigentlich? Eine dunklere Haut zu haben? Schwarze Haare? Folgt man Lindners Gedankenspielen, landet man schnell bei rassistischen Stereotypen.

Wenn der »anders« Aussehende dann auch noch »gebrochen Deutsch spricht« – dann, ja dann sind Lindner zufolge Zweifel an der »Rechtschaffenheit« durchaus angebracht. Sein eigenes vorurteilsgetränktes Denken versucht der FDP-Politiker zu kaschieren, indem er vorgibt, lediglich einer Art unvermeidbarem Rassismus vorbeugen zu wollen. Damit keiner den als fremd stigmatisierten Schlangensteher »schief« anschauen muss, brauche der gute deutsche Schlangennachbar Gewissheit über dessen Aufenthaltsstatus, fabuliert Lindner. Für einen liberalen Politiker ist die vermeintlich so lebensnahe Bäckerei-Anekdote eine intellektuelle Bankrotterklärung. Sie zementiert genau jenes Gesellschaftsbild, wonach man Deutsche auf den ersten Blick erkennen kann – und das Böse in der Gestalt des Fremden daherkommt. Lindners plumper Versuch, in trüben rechten Gewässern zu fischen und innenpolitisch den harten

Hund zu geben, ist ein Schlag ins Gesicht jener *People of Colour*, die nicht müde werden zu erzählen, was sie jeden Tag auf der Straße, in der Straßenbahn und eben auch beim Einkaufen erleben. Wo sie aufgrund ihrer Hautfarbe angefeindet, bedroht, bisweilen auch bespuckt oder geschlagen werden. Weil sie irgendwem nicht deutsch genug aussehen. Alltagsrassismus beginnt mit jenem argwöhnischen und ausgrenzenden Blick, der aufgrund äußerer Merkmale zwischen »Wir« und »Ihr« unterscheidet. Der sich anmaßt, gesellschaftliche Zugehörigkeit an Hautfarbe und Herkunft zu knüpfen. Lindners Parteitagsrede steht für den verzweifelten Versuch der FDP, einen Platz zwischen CDU und AfD zu finden. Und sei es auf Kosten von Minderheiten und liberaler Prinzipien.

Andreas Scheuer (CSU):

»Das Schlimmste ist ein fußballspielender, ministrierender Senegalese, der über drei Jahre da ist. Weil – den wirst du nie wieder abschieben. Aber für den ist das Asylrecht nicht gemacht, sondern der ist Wirtschaftsflüchtling.«

Quelle: Andreas Scheuer beim »Regensburger Presseclub« am 15. September 2016

Die Erzählung vom unabschiebbaren »fußballspielenden, ministrierenden Senegalesen« ist im Wortsinn entlarvend. Weil sie unmissverständlich klarstellt, worum es dem CSU-Politiker Scheuer geht: nämlich nicht um Integration, sondern Abschiebung um jeden Preis. Scheuer mischt seiner fiktiven Fallgeschichte bemerkenswerte Zutaten bei. Da ist zunächst der »Senegalese«, also ein Mann aus Afrika. Diesen schwarzen Afrikaner konstruiert Scheuer nun als maximal integriert, indem er ihn zum Fußballer und gar Messdiener macht. Mehr geht nicht im ebenso katholischen wie fußballverrückten Bayern. Aber gerade diese mustergültige Integration ist für den CSU-Mann »das Allerschlimmste«. Weil: »Den wirst du nie wieder abschieben.« Dieser Asylbewerber kann sich noch so abstrampeln und anpassen. Für Scheuer bleibt er ein »Wirtschaftsflüchtling«, der abgeschoben gehört.

Während sich im Zuge des Zuwanderungsjahrs 2015 auch in Bayern ehrenamtliche Helfer, Initiativen und Firmen darum bemühten, Geflüchteten zunächst eine menschenwürdige Zuflucht und später auch eine gesellschaftliche Perspektive zu schaffen, gab Scheuer den ausgrenzenden Hardliner. Getrieben von der AfD kreiste der politische Diskurs seinerzeit um das Thema Abschiebung. In der Folge versuchten etliche Bundesländer, eine rigide Abschiebepraxis durchzusetzen, was sich als schwierig erwies, weil Abschiebungen aufwendig sind, hohen Personaleinsatz erfordern und rechtsstaatlichen Verfahren unterliegen. Etliche Unternehmer haben öffentlich dagegen protestiert, dass von ihnen eingestellte und angelernte Geflüchtete abrupt aus ihren Betrieben herausgerissen und abgeschoben wurden. Eine solch inhumane und auch wirtschaftlich unsinnige Praxis entspringt einem Denken, das Asylbewerber ausschließlich als Belastung ansieht, nicht aber als Chance. Eine Haltung, die nebenbei bemerkt nicht mit dem christlichen Anspruch der CSU vereinbar ist. Die langjährige Haltung von CDU/CSU, das Recht auf Asyl einerseits und arbeitsbedingte Zuwanderung andererseits unter allen Umständen strikt voneinander zu trennen, führt zu unnötigen und unsinnigen menschlichen Härten und behindert mögliche Integration.

Die Erzählung vom ministrierenden Senegalesen, den man nie wieder los werde, ist ein Paradebeispiel für wertevergessenen Populismus.[81] Scheuer hat damit Ressentiments bestärkt und politische Prioritäten gesetzt, die sich weder am christlichen Menschenbild noch an wirtschaftlichen Bedürfnissen orientieren. Solche Narrative zementieren ein Gesellschaftsbild, das selbst dann kategorisch zwischen Einheimischen und Fremden unterscheidet, wenn das Zusammenleben beispielhaft gelingt.

Horst Seehofer (CSU):

»Ausgerechnet an meinem 69. Geburtstag sind 69 – das war von mir nicht so bestellt – Personen nach Afghanistan zurückgeführt worden. Das liegt weit über dem, was bisher üblich war.«

Quelle: Bundesinnenminister Horst Seehofer während der Pressekonferenz zur Vorstellung seines »Masterplan Migration« am 10. Juli 2018

Abschiebung als Geburtstagsgeschenk. Das ist der zynische Subtext von Seehofers Freude über 69 abgeschobene Menschen nach Afghanistan. Die Verknüpfung einer harten staatlichen Zwangsmaßnahme mit dem eigenen Geburtstag steht für einen eklatanten Verlust an politischer und menschlicher Integrität. Abschiebungen bedeuten für die Betroffenen oftmals existenzielle Not und Todesangst, weil in der Heimat Ungewissheit, Repressalien und Todesdrohungen warten. Um Abschiebungen zu vollstrecken, werden Menschen aus Beziehungen, Freundschaften und auch Arbeitsverhältnissen gerissen, unter Einsatz von körperlichem Zwang. Man kann das für notwendig erachten, aber niemals darf ein verantwortlicher Politiker vergessen, dass es um Menschen und deren Schicksale geht. Bei Seehofer werden diese Menschen zu einer bloßen Zahl, die der Steigerung des eigenen Wohlbefindens dient. Dass der Minister diese menschenverachtende Selbstgefälligkeit offenkundig für eine geeignete Pointe bei einer Pressekonferenz hielt, sagt viel aus – sowohl über das Selbst- als auch über das

Menschenbild jenes Politikers, dessen Partei das C im Namen vor sich herträgt.

Eine Woche nach Seehofers launiger Pressekonferenz nahm sich einer der abgeschobenen Afghanen das Leben. Der 23-Jährige, in Deutschland rechtskräftig wegen Diebstahls und Körperverletzung verurteilt, wurde in der Unterkunft einer internationalen Organisation tot aufgefunden, die geflüchteten Rückkehrern für einige Tage ein Bett zur Verfügung stellt. Seehofer nannte den Suizid »zutiefst bedauerlich« und ergänzte, man solle damit »sachlich und rücksichtsvoll« umgehen.[82] Eine Aussage, die in krassem Widerspruch zu seinem vorherigen Verhalten steht. Etliche Redaktionen begannen daraufhin zu recherchieren. Und erzählten die Geschichten der 69 weiter. Das ARD-Politmagazin *Panorama* spürte beispielsweise in Kabul den 21-jährigen Allayar auf.[83] Der war in Bayern bestens integriert gewesen. Der Geschäftsführer eines Zimmereibetriebs in Unterschleißheim hätte ihm gern einen Ausbildungsvertrag gegeben. Stattdessen wurde der junge Mann abgeschoben. *Panorama*-Reporter fanden heraus, dass es sich bei 50 der 69 Abgeschobenen nicht um Straftäter, Gefährder oder sogenannte Identitätsverweigerer handelte. Das Beispiel Seehofer zeigt eindrucksvoll, dass demonstrative Menschenverachtung, zumal von Politikern in Regierungsverantwortung, nicht das letzte Wort haben darf. In diesem Fall ist es Journalisten mit akribischer Recherche gelungen, aus einer bloßen Zahl wieder die Menschen und deren Schicksale sichtbar zu machen und ihre Geschichten zu erzählen.

Hans-Georg Maaßen:

»Ich bin vor dreißig Jahren nicht der CDU beigetreten, damit heute 1,8 Millionen Araber nach Deutschland kommen.«

Quelle: Rede von Hans-Georg Maaßen bei einer Veranstaltung des CDU-Ortsverbands Weinheim und der Werteunion am 28. Juni 2019 laut Rhein-Neckar Zeitung

»Lassen Sie sich nicht einreden, dass es sich um Seenotrettung handelt. Diese Migranten sind keine Schiffbrüchigen und keine Flüchtlinge. Sie haben als einwanderungswillige Ausländer die Schleuserboote bestiegen, um von einem Shuttle-Service nach Europa gebracht zu werden.«

Quelle: Hans-Georg Maaßen via Twitter am 19. Juli 2019

Bevor Hans-Georg Maaßen im November 2018 als Verfassungsschutz-Chef abgesetzt und in den einstweiligen Ruhestand versetzt wurde, wäre an seiner Verantwortungslosigkeit beinahe die Berliner Koalition zerbrochen. Als die rechtsextreme Szene nach dem gewaltsamen Tod von Daniel H. in Chemnitz zu rassistischen Protesten mobilisierte, meldete sich Maaßen mit einem Interview in der *Bild*-Zeitung zu Wort. Darin bezweifelte er, dass es in Chemnitz »Hetzjagden« gegeben habe und raunte in verschwörungsideologischem Sound darüber, dass »gute Gründe« dafür sprächen, dass es sich bei dem berühmt gewordenen Video,[84] das eine kurze Menschenjagd auf einen Migranten zeigt, »um eine gezielte Falschinformation handelt, um möglicherweise die Öffentlichkeit von dem Mord in Chemnitz abzulenken«.

Während in Chemnitz binnen weniger Tage rechte Gewalt bis hin zur Gründung der später als rechtsterroristische Gruppierung verurteilten *Revolution Chemnitz* eskalierte, warnte der oberste Verfassungsschützer also nicht etwa vor der aufziehenden Gefahr von rechts, sondern lenkte mit seinem Gerede über vermeintlich finstere Antifa-Absichten bei der Dokumentation rechter Gewaltbereitschaft davon ab und befeuerte den Furor rechter Wutbürger. Und das, obwohl etwa der Opferberater André Löscher bereits für den ersten Tag der rechten Mobilisierung diverse Verfolgungen und Angriffe auf Migranten bestätigt hatte. Obwohl ein weiteres Video zeigt, wie mehrere Personen aus einem Protestzug nach dem Ausruf »Zecken« losrennen, um offenbar verhassten Linken nachzusetzen.[85] Obwohl der freie Reporter Johannes Grunert aufgrund seiner Beobachtungen getwittert hatte: »Am Johannisplatz Menschenjagd«. Ganz abgesehen von den Gewaltexzessen gegen Migranten, Gegendemonstranten und Journalisten, die Chemnitz und das ganze Land an den folgenden Tagen erschütterten. Mit der von ihm befeuerten absurden Hetzjagd-Debatte war es Maaßen gelungen, von rechter Mobilisierung, Gewalt und Mitläufertum abzulenken und eine ernsthafte Regierungskrise auszulösen. Als oberster Verfassungsschützer hatte er nicht nur versäumt, vor dem massiven Angriff von rechts zu warnen, sondern gewaltbereiten Verfassungsfeinden sogar noch Argumente für ihr Handeln geliefert.[86]

Nach seinem unfreiwilligen Ruhestand sorgt Maaßen nunmehr weiter für Unruhe – als Aushängeschild für die Werteunion, einem kleinen Verein vermeintlich konservativer Unionspolitiker. Dieser Verein hat ein »Konservatives Manifest« publiziert, in dem es heißt, Deutschland sei als dicht besiedeltes Industrieland »ungeeignet zur Aufnahme von Asylbewerbern und Flüchtlingen«. Deren Aufnahme sei gar »ethisch unvertretbar«.[87] Menschlichkeit und Grundrechte werden kurzerhand als unmoralisch hingestellt. Maaßens Statement, wonach er nicht der CDU beigetreten sei, »damit heute 1,8 Millionen Araber nach Deutschland kommen«, passt in dieses Argumentationsmuster. Auffällig ist die implizierte Abwertung der »Araber« als offenkundig besonders unerwünschte ethnische Gruppe. Seine Aussage lässt sich so verstehen, dass er im Gegenteil gerade deshalb CDU-Mitglied wurde, um genau das zu verhindern.

In welchen Kategorien Maaßen denkt, zeigt ein früherer Aufsatz, in dem er eingebürgerte Menschen als »nominell deutsche Staatsangehörige« bezeichnet hat. Als wären diese aufgrund ihrer Herkunft gar keine echten Deutschen. Dies offenbart ein Denken in ethnischen Reinheitskategorien, wie es in der radikalen Rechten üblich ist.

Zynisch wird Maaßen, wenn es um Geflüchtete geht. In seinem Tweet spricht er jenen, die mit Booten über das Mittelmeer kommen, ab, überhaupt Flüchtlinge zu sein. Angesichts des lukrativen Schleuser-Geschäfts sei auch der Begriff »Seenotrettung« falsch. Vor dem Hintergrund, dass im Jahr 2018 laut UNO täglich durchschnittlich sechs Menschen auf der Flucht über das Mittelmeer ertranken, spricht aus diesen Worten kalte Menschenverachtung. Während diese lebensgefährliche Route also für Tausende Menschen tödlich endet, spricht Maaßen im rechtspopulistischen Sound von einem »Shuttle-Service nach Europa«. Mit diesem verächtlichen Tonfall liefert Maaßen Menschen, egal ob sie aus wirtschaftlicher oder politischer Not ihr Leben riskieren, dem Hass aus. In einer Talkshow von Markus Lanz hat Maaßen seine Aussagen bekräftigt und sogar noch verbal gegen die Medien ausgeteilt.[88] Maaßen sprach in der Sendung über Angriffe auf Asylunterkünfte, an denen zunehmend auch bürgerliche Täter beteiligt seien, die sich radikalisiert haben. Das Wort »Rechtsterror« benutzte Maaßen in diesem Zusammenhang übrigens nicht. Stattdessen verstieg er sich bei seiner Aussage, jene zurückgewinnen zu wollen, die sich vom Staat abwenden, zu einem entwaffnenden Bekenntnis: Ihm gehe es »um die kleinen Angestellten, um normale Menschen, die Angriffe auf Asylunterkünfte machen, um die geht es mir«. Nein, Angriffe auf Asylunterkünfte sind ganz und gar nicht normal, sondern Ausdruck rechtsextremer Ideologie. Ein ehemaliger Verfassungsschutz-Chef, der solche Täter nicht bekämpfen, sondern im Gegenteil umwerben will, trägt nicht zur Lösung unheilvoller Entwicklungen bei, sondern ist Teil des Problems. Dass der Verfassungsschutz auch nach dem NSU-Komplex nie als ein verlässliches Frühwarnsystem gegen rechts aufgefallen ist, liegt maßgeblich auch an Hans-Georg Maaßen.

Nehmt sie beim Wort!

Die Verrohung der politischen Kultur und öffentlichen Rede wird von Ratlosigkeit und Sorge begleitet, zunehmend aber auch von Gleichgültigkeit. Angesichts völkischer, rassistischer und demokratieverachtender Rhetorik, die vielstimmig und multimedial anschwillt, in den digitalen Resonanzräumen ebenso wie auf der Straße, gibt es längst gesellschaftliche Gewöhnungseffekte. Ideologischer Verbalradikalismus und kalkulierte Tabubrüche lösen nur noch selten größere Debatten aus. Das Spitzenpersonal der AfD darf in der »Tagesschau« regelmäßig alles Mögliche kommentieren, weil die Öffentlich-Rechtlichen auf Ausgewogenheit achten. Derweil dringen Opfer rechter Gewalt und Hasskampagnen sowie zivilgesellschaftliche Akteure mit ihren Appellen nach besserem staatlichem Schutz sowie größerer Sensibilität und Solidarität kaum durch.

Zusätzlich zu klassisch rechter Propaganda haben im Zuge der Corona-Pandemie diverse Verschwörungsideologien eine unheimliche Konjunktur, darunter der gefährliche QAnon-Kult mit seiner wahnhaften Erzählung von einer kinderquälenden globalen Elite. Den Kitt für alte und neue Hassideologie bildet häufig Antisemitismus, der oft allein über Codewörter wie die Erwähnung der Familie Rothschild uralte Feindbilder neu belebt. Auf Demonstrationen ist die Verharmlosung und Banalisierung der NS-Verbrechen durch Selbstviktimisierung zu einem zynischen und geschichtsvergessenen Stilmittel geworden. Wie bei jener jungen Frau, die im November 2020 auf einer Demobühne in Hannover erklärte, sie fühle sich wie Sophie

Scholl, weil sie seit Monaten »aktiv im Widerstand« sei. Wohlgemerkt, weil sie in einer Demokratie auf Demos ging und öffentliche Reden hielt. Eine Verhöhnung derer, die wie Sophie Scholl für ihren mutigen Widerstand gegen die Nazis ermordet wurden. Dass in der Wahrnehmung einer wachsenden Minderheit die Grenzen zwischen Demokratie und Diktatur verschwimmen, ist alarmierend. Das Feld für solche gesellschaftlichen Erosionsprozesse wird systematisch bereitet. Die AfD hat sich als demokratisch gewählte, die liberale Demokratie gleichwohl gezielt angreifende Partei vor allem im deutschen Osten etabliert und versucht, Protestbewegungen wie Querdenken für ihre Zwecke zu instrumentalisieren. Antidemokratische Widerstandsrhetorik verfängt zunehmend auch bei vermeintlich vernünftigen Menschen. Wie soll mit sprachlicher Entgrenzung, Menschenverachtung, rassistischer und rechtsextremer Ideologie und deren Vertretern umgegangen werden? Diese Frage stellt sich Journalisten, Politikern und Bürgern in ähnlicher Weise. Es ist Zeit für Korrekturen.

Der Aufstieg von Pegida und AfD war begleitet von Appellen, deren Personal und Anhänger einerseits ernst zu nehmen, vor allem jene mantrahaft beschworenen »berechtigten Sorgen und Ängste der Bürger«, aus denen allzu oft kaum verhohlener Rassismus spricht. Andererseits mahnte etwa die von der IG Metall finanzierte Otto-Brenner-Stiftung an, medial nicht über jedes »Stöckchen« zu springen, das einem mit rassistischen Aussagen hingehalten wird. Politische Beobachter rieten zur Gelassenheit im Umgang mit Gauland, Höcke und Weidel. »Mit Rechten reden« gilt seither als vielversprechende Strategie. Nur, mit wem eigentlich, wie und worüber? Das ist völlig unklar.

Auffällig ist eine gefährliche Diskrepanz zwischen der Wirkung radikaler Worte und einer großzügigen Vergesslichkeit der Gesellschaft. Denn obwohl Gaulands »Vogelschiss« und Höckes »Denkmal der Schande« bereits im kollektiven politischen Gedächtnis archiviert sind, spielen diese Brandreden in der Öffentlichkeit keine Rolle mehr und bewirken: nichts. Das Muster ist stets gleich. Nach kurzer Aufregung gehen Medien und Politiker zur Tagesordnung über. Die Brandredner haben keine Konsequenzen zu befürchten und bleiben gefragte Gesprächspartnerinnen und -partner. Unbeirrt werden sie am Anteil der Wählerstimmen oder ihrer bürgerlichen Vita gemessen wie der AfD-Politiker Alexander Gauland, fatalerweise aber nicht an der Radikalität ihrer Worte. Gauland hat nicht nur Stolz auf die »Leistungen« von Wehrmachtssoldaten eingefordert, was mindestens auf eine Verherrlichung des nationalsozialistischen Vernichtungskriegs hinausläuft, sondern auch eine geradezu aberwitzige Variante der rechtsextremen Verschwörungserzählung vom »Bevölkerungsaustausch« verbreitet. Wonach nämlich wir Deutsche für die »Einwanderer« arbeiten sollen, damit die sich in Ruhe fortpflanzen können. Absurd? Ja, aber offenbar kein Grund, Gauland aufzufordern, sich innerhalb des demokratischen Diskurses zu verorten oder ihn andernfalls daraus auszuschließen.

Viele Äußerungen Gaulands sind weder »bürgerlich« noch »gemäßigt«, doch die politische Öffentlichkeit blieb dem AfD-Ehrenvorsitzenden gegenüber merkwürdig wohlwollend. Der Altersradikale war weiterhin gern gesehener Dauergast in öffentlich-rechtlichen Polit-Talks. Sieben Mal durfte er in den vergangenen Jahren bei Frank Plasberg oder Sandra Maischberger die vermeintlich seriöse graue Eminenz der AfD geben. Nie wurde Gaulands Radikalisierung angemessen Rechnung getragen. Vielmehr wurde er unbeirrt als Konservativer missverstanden, weil er lange in der CDU gewesen war und Herausgeber der *Märkischen Allgemeinen*. Obwohl er sich in wichtigen Fragen inhaltlich kaum von seinem extremen Parteifreund Björn Höcke unterschied und sich demonstrativ vor und hinter ihn stellte.

Eine ebenso simple wie regelmäßig missachtete Regel im Umgang mit radikalen Scharfmachern sollte lauten: Nehmt sie beim Wort! Das bedeutet zunächst, keine vorauseilende Beschwichtigung gegenüber Geschichtsrevisionismus oder Rassismus zu zeigen. Wenn Höcke oder Gauland eine Neubewertung der NS-Zeit bewirken wollen, ist das zuallererst keine Provokation, sondern eine ideologisch motivierte, bewusste Abkehr von der bundesrepublikanischen Staatsräson. Beim Wort nehmen heißt weiter, sich nicht mit halbherzigen Ausreden, wonach das ja alles nicht so gemeint sei, zufrieden zu geben. Redaktionen und Redakteure müssen viel selbstbewusster auf eigene Analysen vertrauen. Was meint denn die von Höcke geforderte »erinnerungspolitische Wende um 180 Grad«? Doch nichts anderes, als dass Auschwitz als zentraler historischer Bezugspunkt und bleibende Verpflichtung für die Zukunft eliminiert werden soll. Der Blick auf die deutsche Geschichte soll von der Last des Holocaust befreit werden, damit der unheilvolle völkische Nationalismus wiederbelebt werden kann. Verbalradikale Grenzverletzer dürfen weder die Deutungshoheit noch das letzte Wort haben. Als politische Personen sind sie an ihren Aussagen zu messen.

Eine weitere Grundregel lautet: Offener Rassismus und Rechtsextremismus sind nicht Teil des demokratischen Diskurses. Das sind nicht bloß irgendwelche Meinungen und sie dürfen auch nicht so behandelt werden, als wären sie legitim. Es sind menschenverachtende Ideologien und müssen als solche benannt und verbannt werden. Für liberale Demokratien ist es überlebensnotwendig, diese Haltungen und Argumentationen auszugrenzen. Was bedeutet das in der Praxis? Sollten etwa ARD und ZDF Politiker wie Björn Höcke weiterhin in ihre Talkshows einladen oder interviewen?

Höcke, den Verfassungsschutz-Chef Thomas Haldenwang offen als »Rechtsextremisten« bezeichnet? Der Leipziger Medienrechtsprofessor Hubertus Gersdorf hat auf die besonderen Pflichten der Öffentlich-Rechtlichen hingewiesen. Grundsätzlich gelte: Je größer die Bedeutung einer Partei, umso mehr müsse sie auch in der Berichterstattung vorkommen. Allerdings haben die Sender dem Experten zufolge gleichwohl »erheblichen Gestaltungsspielraum«.[89] Kurzum: Es gibt kein Recht auf Talkshowpräsenz. Und schon gar nicht auf kritiklose oder weichgespülte Interviews.

Immer wieder führt ein falsch verstandenes Bemühen um vermeintliche Fairness und Ausgewogenheit von Journalisten gegenüber der AfD zu absurden Ergebnissen. Wenn etwa der ebenfalls vom Verfassungsschutz-Chef als »Rechtsextremist« beurteilte damalige AfD-Chef von Brandenburg, Andreas Kalbitz, vom RBB zum lauschigen Sommerinterview geladen wird. In einer Kulisse mit Enten und Wasserplätschern und einer Interviewführung, die konsequent darauf verzichtet, Kalbitz mit dessen Radikalität und Vergangenheit in der rechtsextremen Szene zu konfrontieren.[90] Oder wenn der MDR Björn Höcke zum Interview bittet und der Interviewer diesen allen Ernstes fragt, ob die AfD denn nun eine »Brandmauer« gegen rechts errichte.[91] Ausgerechnet Höcke, der in seinem Buch »Nie zweimal in denselben Fluss« politische und ethnische Säuberungen andeutet. Und das, nachdem Höcke ein kritisches ZDF-Interview abgebrochen und dem Redakteur unverhohlen gedroht hatte. »Vielleicht werde ich auch mal eine interessante persönliche, politische Person in diesem Land«, raunte Höcke. Nach dem Motto: Wenn ich erst die Macht habe, dann bist du dran.[92] ZDF-Chefredakteur Peter Frey kündigte daraufhin an, Höcke werde nicht mehr eingeladen. Das war konsequent und richtig.

Dass ARD-Sender wie der MDR mit Höcke trotzdem weitermachen, als wäre nichts gewesen, ist nicht Ausdruck notwendiger Neutralität, wie gern argumentiert wird, sondern von wertevergessenem Appeasement. Der Journalismus kann und darf gegenüber Rassismus, Rechtsextremismus und autoritären Allmachtsfantasien nicht neutral sein. Das ZDF hat vorgemacht, wie es geht. Als Mindeststandard muss gelten, dass es keine Interviews mit Rechtsextremisten geben darf, ohne sie mit ihrem eigenen Rechtsextremismus zu konfrontieren. Denn wer Rassekategorien wie »afrikanischer Ausbreitungstyp« oder rechtsextremes Vokabular wie »Volkstod«, »Überfremdung«, »Umvolkung« oder »Bevölkerungsaustausch« verbreitet, disqualifiziert sich dafür, ausschließlich über Sachthemen wie Renten oder Verkehr befragt zu werden. ZDF-Chef Frey weist zu Recht darauf hin, dass es nicht darum geht, irgendwen zu erziehen, sondern darum, im demokratischen Diskurs Grenzen zu ziehen. Es muss klar sein, dass die demokratische Mehrheit die Spielregeln festlegt, nicht die Grenzverletzer. Dazu gehört auch zu entscheiden, wem Aufmerksamkeit geschenkt wird und wem nicht. Dazu gehört darüber hinaus, dass sich öffentliche Multiplikatoren wie Anne Will, Sandra Maischberger, Frank Plasberg und Maybrit Illner davor hüten sollten, radikale rechte Narrative bewusst oder unbewusst zu reproduzieren. Immer wieder werden Erzählungen von kriminellen Migranten in Fragen oder Schaubilder verpackt. Oder man talkt absurderweise darüber, ob es nicht doch noch okay ist, das rassistische N-Wort zu benutzen. Manche vermeintlich freigeistige Fragepose ist eher die Anbiederung an rechten Populismus als kritischer Journalismus. Jedenfalls ist es unsinnig, die Scharfmacher zwar nicht einzuladen, aber ständig deren Thesen nachzubeten oder als Aufmacher für eine Sendung zu benutzen. Kritischer Journalismus bedeutet auch, Themen nicht an populistischer Erregung auszurichten, sondern wieder stärker an Relevanz.

Nicht weniger schwierig ist der öffentliche Umgang mit populistischen Trittbrettfahrern. Zunächst gibt es ein Wahrnehmungsproblem. Wir sind es gewohnt, sehr viel stärker zu beachten, wer etwas sagt als was jemand sagt. Das führt zu Voreingenommenheit und verharmlosenden Fehlurteilen. Kaum jemand hätte sich für publizistische Hobby-Eugenik über eine von Migranten verschuldete Verdummung der Deutschen und deren angeblich schleichenden Tod interessiert, wäre der Autor nicht ein namhafter Bundesbank-Vorstand und Polit-Profi gewesen. So aber wurde der krude Rassismus Thilo Sarrazins nicht nur von *Bild* und *Spiegel* mit Vorabdrucken geadelt, sondern auch von den Feuilletons über sämtliche relevanten Polittalkshows rauf und runter diskutiert, als handele es sich nicht um abgestandene Ideologiesuppe mit historisch diskreditierten Zutaten, sondern um sensationelle neue Rezepte. Grundsätzlich ist Rassismus, der von einem Mitglied der SPD oder CSU geäußert wird, nicht weniger verwerflich als jener von AfD-Politikern. Wobei Sarrazin eher als radikal rechter Vordenker agiert denn als Mitläufer. Manche publizistische Aufgeschlossenheit gegenüber dessen apokalyptischen Thesen erklärt sich aus einer Fixierung auf seinen biografischen Werdegang und gesellschaftlichen Status gepaart mit ideengeschichtlicher Ignoranz und eigener Urteilsschwäche. Sarrazin hat seinen Status als intellektueller Popstar nicht verdient.

Gegenüber populistischen Trittbrettfahrern im politischen Diskurs ist kategorische Kritik notwendig. Politiker, Kirchen, politische Stiftungen, Wissenschaftler und auch Journalisten haben die Aufgabe zu widersprechen, wenn Politiker entmenschlichende Sprache benutzen. Wenn etwa Markus Söder lebensgefährliche Flucht als »Asyltourismus« diffamiert. Dann ist energisch festzustellen, dass Männer, Frauen und Kinder sich nicht aus Erholungsgründen auf der Flucht befinden, sondern dass sie leiden, teilweise gefoltert und vergewaltigt werden, unter unmenschlichen Bedingungen jahrelang in Not-Lagern ausharren oder im Mittelmeer ertrinken. Wenn Söders Parteifreund Horst Seehofer die Abschiebung von 69 Menschen nach Afghanistan wie ein persönliches Geburtstagsgeschenk feiert, ist es die Aufgabe von Reportern, die Schicksale hinter der Zahl sichtbar zu machen, die den Zynismus des Ministers bloßlegen. Übrigens geht es nicht darum, Worte auf die Goldwaage oder jemandem etwas in den Mund zu legen. Wer so argumentiert, verkennt sowohl die Intention als auch die Wirkung politischer Sprache. Denn die bestimmt ganz wesentlich das gesellschaftliche Denken und letztlich auch politisches Handeln. Wenn es Konsens wird, dass Migration und Flucht nicht von existenzieller Not und Elend ausgelöst werden, egal ob politisch oder wirtschaftlich begründet, sondern zu Synonymen für einen Urlaubstripp werden, erscheint mitleidlose Härte gegenüber Migranten und Geflüchteten geradezu als Verpflichtung. Immerhin: dass Markus Söder nach massiver Kritik ankündigte, künftig auf den Kampfbegriff »Asyltourismus« zu verzichten und vom eigenen Rechtskurs zurück in die Mitte steuerte, ist Ausdruck einer in diesem Fall funktionierenden, kritischen Öffentlichkeit.

Wenn Journalisten und Öffentlichkeit Widerspruch einlegen und Menschenverachtung kritisieren, ist das keineswegs Anzeichen einer ausufernden *political correctness*. Es gibt weder Denkverbote noch Sprachverbote, wie gern unterstellt wird. Niemand wird in seinem Recht auf freie Rede beschnitten. Jeder kann und darf alles sagen, solange es nicht strafrechtlich relevant ist, aber keiner hat das Recht auf Aufmerksamkeit und Applaus. Mit dem Kampfbegriff der »PC« und dem Hinweis auf angeblichen »Tugendterror« und eine »Meinungsdiktatur« soll vielmehr jegliche Kritik delegitimiert werden. Im politischen Diskurs gibt es aber kein Recht auf Kritiklosigkeit. Vielmehr hat Kritik an menschenverachtender Sprache und Ideologie eine wichtige Funktion: Sie trägt dazu bei, einen unverzichtbaren gesellschaftlichen Minimalkonsens auszuhandeln. Und verhindert, dass durch gedankenlose Übernahme von Kampfbegriffen eine schleichende Gewöhnung an rassistische und rechtsextreme Erzählungen und Ideologie stattfindet.

Als sich im Zuge der Pegida-Bewegung offener Rassismus in den Straßen zeigte, veröffentlichten Zeitungsredaktionen Statistiken zum Ausländeranteil in Ostdeutschland. Als könne man das ideologische Hirngespinst einer angeblichen »Überfremdung« objektiv belegen oder widerlegen. Sinnvoller wäre es gewesen zu erklären, dass der Begriff »Überfremdung« ursprünglich eine wirtschaftswissenschaftliche Bedeutung hatte, bevor die Nationalsozialisten ihn mit einer völkisch-rassistischen Definition in den Duden schreiben ließen. Mit Blick auf steigende Asylbewerberzahlen ist in den Medien bis heute von einer »Flut« und »Welle« die Rede. Kognitionsforscher*innen wissen, dass es kaum wirkmächtigere Sprachbilder gibt als jene, die Menschen ihrer Individualität berauben und sie als eine Art Naturkatastrophe dämonisieren. Wer diesen brandgefährlichen Sprachgebrauch bloßlegt und kritisiert, ist kein Blockwart oder Sprachpolizist, sondern demokratischer Akteur mit einer wichtigen gesellschaftlichen Funktion.

In Foren und sozialen Medien breitet sich *Hatespeech* epidemisch aus. Der öffentliche Diskurs wird seit Jahren von rechten Akteuren verroht. Hinzu kommen verschwörungsideologische Figuren der Populärkultur mit großer Reichweite und fanatischem Sendungsbewusstsein wie etwa Attila Hildmann oder Xavier Naidoo. Für die politische Kultur ist humanistischer Widerspruch unverzichtbar. Nicht nur, weil sich emotionalisierte und ideologisierte Täter ermutigt fühlen, hasserfüllten Worten irgendwann auch Taten bis hin zu Terrorakten folgen zu lassen, wenn sie sich durch ein entsprechendes politisches Klima bestärkt fühlen. Sondern auch, weil erst die Gewöhnung an Ideologien der Ungleichheit rechtsextreme Vorstellungen von einer homogenen »Volksgemeinschaft« derart normalisieren können, dass sie zu einer ernsthaften Gefahr für die liberale Demokratie werden.

Politische Kultur fängt aber nicht in der großen Politik an, sondern am Küchentisch, im Büro, in der Kneipe. Im Zuge der sogenannten Flüchtlingskrise und später dann mit der Corona-Pandemie sind in vielen Familien die Konflikte eskaliert. Familien, Kollegen und Freunde haben sich zerstritten, manche so sehr, dass man sich seither aus dem Weg geht, Familienfeiern meidet oder Politik per se als Gesprächsthema ausklammert. Das ist fatal. Denn zwischen Eltern, Geschwistern, Freundinnen und Kollegen darf der Austausch über gesellschaftliche Werte und Wege nicht abreißen. Auch und gerade hier dürfen liberale Stimmen nicht verstummen. Es lohnt sich, die familiäre Sonntagsharmonie zu riskieren, um entschieden zu widersprechen, wenn jemand das N-Wort benutzt. Oder dafür einzutreten, dass auf Kindergeburtstagen künftig kein »Negerkuss«, sondern ein »Schokokuss« angeboten wird. Das kann schon mal den lieben häuslichen Frieden stören, aber eben auch faule Kompromisse beenden. Rassismus kann kein gemeinsamer Nenner sein. Haltung schon. Es geht gar nicht darum, andere zu überzeugen, sondern klarzumachen: Menschenverachtung kann nie Konsens sein – und wird auch nicht stillschweigend toleriert.

Freiheit ist im politischen Diskurs unverzichtbar. Aber auch sie hat Grenzen, nämlich dort, wo andere beleidigt und bedroht werden. Im demokratischen Rechtsstaat sind diese Grenzen ganz bewusst weit gefasst. Unterhalb der

Schwelle justitiabler Hasssprache müssen liberale Gesellschaften daher viel aushalten. Umso wichtiger ist es, die populären politischen Stichwortgeber an ihren Aussagen zu messen. Radikalität und Grenzverletzungen nicht widerspruchslos zu akzeptieren, sondern sachlich, aber kompromisslos zu kritisieren. Nicht jeden Pieps, aber das laute Gebrüll und die permanente Einflüsterung. Denn Worte sind nicht nur Geschmackssache, sondern setzen den Ton, geben einen Rahmen und bereiten politisches Handeln vor. Sie können entweder sozialem Fortschritt den Weg bereiten oder autokratischer Herrschaft – sogar politischem Terror. Sie sind präzise Seismografen, die anzeigen, wohin die Reise einer Gesellschaft geht. An den Wegmarken der vergangenen Jahre zeigten sich hierzulande Verrohung, Entgrenzung, Entmenschlichung und Verschwörungsmythen. Wir tun gut daran, diese Warnsignale ernst zu nehmen.

Anmerkungen

1 Vgl. Elisabeth Wehling, Politisches Framing – Wie eine Nation sich ihr Denken einredet – und daraus Politik macht, Köln, 2016, Seite 40 f.

2 Vgl. www.spiegel.de/politik/deutschland/fluechtlinge-mehr-als-3500-angriffe-auf-fluechtlinge-im-jahr-2016-in-deutschland-a-1136334.html

3 Vgl. www.deutschlandfunkkultur.de/konfliktforscher-andreas-zick-ueber-gewaltbereitschaft-in.990.de.html?dram:article_id=438179

4 Vgl. zur hohen Akzeptanz von Gewalt durch AfD-Wähler*innen die Studienergebnisse der Uni Leipzig: home.uni-leipzig.de/decker/wahlpraeferenz.pdf

5 Vgl. www.tagesspiegel.de/politik/rechtsextreme-angriffe-wie-aus-hasserfuellten-worten-moerderische-taten-werden/24696332.html

6 Vgl. www.tagesspiegel.de/politik/globale-rechte-formiert-sich-die-eiskaelte-der-voelkischen-ideologie/24139158.html

7 Vgl. Andreas Zick in Interview mit Deutschlandfunkkultur, ebd.

8 Vgl. idw-online.de/de/news725605

9 Vgl. www.spiegel.de/politik/deutschland/afd-verfassungsschutz-begruendet-einstufung-des-fluegel-zum-beobachtungsfall-a-76afaa92-f62a-4781-8e95-81480e0d85c9

10 Vgl. www.spiegel.de/politik/deutschland/afd-verfassungsschutz-begruendet-einstufung-des-fluegel-zum-beobachtungsfall-a-76afaa92-f62a-4781-8e95-81480e0d85c9

11 Vgl. die Analyse des Politikwissenschaftlers Hajo Funke, »AfD – Gefährlicher als die NPD«. Ebd.

12 Vgl. »Das AfD-Dilemma« in: journalist, November 2017, Seite 18 f.

13 Vgl. das Porträt von Anne Dippel über Alice Weidel: www.freitag.de/autoren/der-freitag/der-eiskalte-engel

14 Vgl. zum AfD-Bundesparteitag und dem Anti-Islam-Kurs: www.faz.net/aktuell/politik/inland/afd-beschliesst-anti-islam-kurs-mit-grosser-mehrheit-14209697/haende-hoch-fuer-den-vorschlag-14209705.html

15 Vgl. zur Debatte um Gaulands Aussage zu Jerôme Boateng: vwww.handelsblatt.com/politik/deutschland/gauland-bei-anne-will-ich-wusste-nicht-dass-boateng-dunkelhaeutig-ist/13691976.html?ticket = ST-2305275-HKNlf30rZGPR3LZUXZHC-ap2

16 Vgl. www.zeit.de/politik/deutschland/2016-06/afd-fussball-nationalmannschaft-deutsch-populismus-alexander-gauland

17 Ebd.

18 Vgl. zur gesellschaftlichen Bedeutung der #MeTwo-Debatte: www.spiegel.de/panorama/metwo-menschen-mit-migrationshintergrund-erzaehlen-von-rassismus-a-00000000-0003-0001-0000-000002664229

19 Vgl. zu Fortpflanzungsstrategien im Tierreich: www.biologie-schule.de/r-strategen-k-strategen.php#: ~ :text = In%20der%20%C3%96kologie%20unterscheidet%20man,(r%20%3D%20Rate)%20aus.&text = Tiere%20die%20im%20Vergleich%20zu,bezeichnet%20man%20als%20k%2DStrategen.

20 Vgl. www.deutschlandfunk.de/rede-ueber-linke-studenten-afd-vorstand-befasst-sich-mit.1773.de.html?dram:article_id = 379183

21 Vgl. www.n-tv.de/politik/Poggenburg-verlaesst-die-AfD-article20806096.html

22 Monika Schwarz-Friesel, Jehuda Reinharz, Die Sprache der Judenfeindschaft im 21. Jahrhundert, Berlin 2012

23 Vgl. zu Höckes nachträglichen Rechtfertigungsversuchen: www.welt.de/politik/deutschland/article161286915/Was-Hoecke-mit-der-Denkmal-der-Schande-Rede-bezweckt.html

24 Zum innerparteilichen Umgang der AfD mit dem Thema Erinnerungskultur und der Bagatellisierung des Nationalso-

zialismus vgl. die Analyse des Historikers Volker Weiß bei Deutschlandfunkkultur: https://www.deutschlandfunkkultur.de/afd-und-ns-gedenken-so-geht-rechte-geschichtspolitik-in.976.de.html?dram:article_id=377934

25 Eine repräsentative Studie der Universität Bielefeld konnte zeigen, dass die Deutschen mehrheitlich keineswegs eine deutsche Kollektivschuld behaupten, sondern ein differenziertes Geschichtsbild vertreten. Vgl. dazu: www.tagesspiegel.de/politik/studie-von-afd-behaupteter-schuldkult-empirisch-nicht-belegt/20954230.html

26 Vgl. www.dw.com/de/die-wehrmacht-und-der-holocaust-auf-freiem-feld/a-53354087

27 Vgl. zum bagatellisierenden Gebrauch der Phrase »diese zwölf Jahre« die Aussagen des Historikers Volker Weiß bei Deutschlandfunkkultur, ebd.

28 Vgl. www.sueddeutsche.de/bayern/parteitag-afd-nuernberg-alexander-gauland-1.4009144

29 Vgl. den Offenen Brief der Überlebenden der Konzentrationslager Auschwitz und Ravensbrück, Esther Bejarano, Vorsitzende des Auschwitz-Komitees in der Bundesrepublik Deutschland: www.auschwitz-komitee.de/offener-brief-an-die-regierenden-und-alle-menschen-die-aus-der-geschichte-lernen-wollen/#

30 Vgl. Interview mit Christian Geulen in National Geographic Plus, Heft 1, 2018

31 Vgl. zum apokalyptischen Denken der »umstürzlerischen Reaktion« im Unterschied zu einem »bewahrenden Konservatismus«: Matthias Quent, Deutschland rechts außen, München 2019, Seite 171 f.

32 Vgl. Renaud Camus, Revolte gegen den Großen Austausch, 2016

33 Vgl. Pierre Krebs (Hg.), Mut zur Identität – Alternativen zum Prinzip der Gleichheit, 1988

34 Vgl. Katharina Nocun, Pia Lamberty, Fake Facts – Wie Verschwörungstheorien unser Denken bestimmen, Köln 2020

35 Vgl. dazu die Ergebnisse der sogenannten Mitte-Studie

Friedrich-Ebert-Stiftung: www.fes.de/forum-berlin/gegen-rechtsextremismus/mitte-studie/

36 Ebd.

37 Vgl. www.tagesspiegel.de/themen/reportage/antisemitismus-im-netz-attila-hildmann-gibt-juden-die-schuld-und-verteidigt-hitler/25930880.html

38 Vgl. Video des Jüdischen Forums auf: www.youtube.com/watch?v=_lRFjPrwVFA

39 Vgl. www.sueddeutsche.de/wirtschaft/medien-grand-prix-ohne-xavier-naidoo-ndr-zieht-nominierung-zurueck-dpa.urn-newsml-dpa-com-20090101-151121-99-03632

40 Vgl. stern-Interview mit Xavier Naidoo: www.stern.de/kultur/musik/xavier-naidoo-im-interview--deutschland-ist-kein-souveraenes-land-6564592.html

41 Vgl. www.musikexpress.de/xavier-naidoo-im-interview-ich-bin-ein-rassist-aber-ohne-ansehen-der-hautfarbe-2-150829/

42 Vgl. www.tag24.de/nachrichten/erzgebirge-sturmabteilung-sa-drittes-reich-plakate-polizei-ulrich-oehme-wahlkampf-eigentor-anzeigen-332786

43 Vgl. zur Einordnung von Höckes Rhetorik: https://www.tagesschau.de/inland/kyffhaeuser-101.html

44 Vgl. Helmut Kellershohn, Umvolkung in: Handwörterbuch rechtsextremer Kampfbegriffe, Schwalbach 2015

45 Vgl. Landesamt für Verfassungsschutz Nordrhein-Westfalen

46 Vgl. www.bpb.de/politik/extremismus/rechtsextremismus/216293/mein-kampf

47 Vgl: Elisabeth Wehling, Politisches Framing, Wie eine Nation sich ihr Denken einredet – und daraus Politik macht, Köln, Halem, 2016, Seite 179

48 Vgl. sz-magazin.sueddeutsche.de/politik/markus-frohnmaier-afd-scharfmacher-portraet-87053?reduced=true

49 Vgl. www.welt.de/politik/deutschland/article181320200/Chemnitz-AfD-Abgeordnete-warnen-vor-Selbstjustiz-und-distanzieren-sich-von-Kollegen.html

50 Vgl. www.faz.net/aktuell/politik/inland/afd-chefin-frauke-petry-fodert-schiessbefehl-an-grenze-14044672.html

51 Ebd.

52 Ebd.

53 Vgl. www.zeit.de/politik/2016-01/alternative-fuer-deutschland-beatrix-von-storch-petry-schusswaffen

54 Vgl. www.spiegel.de/politik/deutschland/afd-beatrix-von-storch-wird-im-netz-verspottet-a-1076209.html

55 Vgl. www.berliner-zeitung.de/mensch-metropole/goetz-aly-kolumne-die-afd-bjoern-hoecke-und-die-gewalt-li.7984

56 Vgl. zur ideologischen Verortung von Björn Höcke die Analyse des Rechtsextremismusforschers Helmut Kellershohn in: taz.de/Rechtsextremismusforscher-ueber-Hoecke/!5634096/

57 Vgl. www.fnp.de/frankfurt/afd-fraktion-hochtaunuskreis-loescht-ihre-facebook-seite-10370321.html

58 Vgl. zu den Reaktionen auf den facebook-post: www.faz.net/aktuell/rhein-main/afd-facebook-beitrag-wettert-gegen-journalisten-15761728.html

59 https://www.youtube.com/watch?v=g7fQr0xF2iQ

60 Vgl. home.uni-leipzig.de/decker/wahlpraeferenz.pdf

61 Vgl. www.tagesspiegel.de/politik/nach-mistgabel-aufruf-journalistenverband-zeigt-pegida-anfuehrerin-an/12837678.html

62 Vgl. die Einordnung von Bachmanns Rede durch den Historiker Volker Weiß: www.spiegel.de/kultur/rechtsterrorismus-das-terrornetz-des-einzeltaeters-a-9e65ee11-f2df-4e46-a339-25485b4638ff

63 Vgl. Interviews des ARD-Magazins Kontraste: www.youtube.com/watch?v=rTvNqMSniAU

64 Vgl. Jüdisches Forum via twitter am 18. Juli 2020

65 Vgl. den vom Jüdischen Forum dokumentierten Redeauszug von Attila Hildmann: www.youtube.com/watch?v=_lRF-jPrwVFA

66 Vgl. www.tagesspiegel.de/berlin/ermittlungen-wegen-volksverhetzung-berlin-verbietet-demonstration-von-attila-hildmann/26031776.html

67 Vgl. Beschluss des Bundesverfassungsgerichts vom 31. März 2000: bundesverfassungsgericht.de/SharedDocs/Entscheidungen/DE/2000/03/rk20000331_2bvr209199.html

68 Vgl. lto.de/recht/hintergruende/h/ideologie-reichsbuerger-deutschland-souveraenitaet-besatzung-staat-legitimation-rechtsextremismus/

69 Thilo Sarrazin, Deutschland schafft sich ab, München 2010

70 Vgl. das zu Sarrazins Thesen auf dem Prüfstand - Ein empirischer Gegenentwurf zu Thilo Sarrazins Thesen zu Muslimen in Deutschland von Naika Foroutan (Hg.): core.ac.uk/download/pdf/127590032.pdf

71 *Die Zeit* änderte die ursprüngliche Überschrift »Anleitung zur Menschenzucht« in »Welch ein hoffnungsloses Menschenbild« ab und machte das mit einem Transparenzhinweis kenntlich: zeit.de/2010/38/SPD-Sigmar-Gabriel/komplettansicht

72 Vgl. zum Bezug auf die Eugenik: www.fr.de/meinung/sarrazin-faktencheck-11314030.html

73 Vgl. Frank Schirrmachers Essay »Sarrazins Konsequenz - Ein fataler Irrweg« in der FAZ: www.faz.net/aktuell/feuilleton/sarrazin/die-debatte/sarrazins-konsequenz-ein-fataler-irrweg-11022033.html

74 Vgl. www.spiegel.de/politik/asyltourismus-woher-markus-soeder-das-wort-wirklich-hat-a-00000000-0003-0001-0000-000002519539

75 Vgl. www.uno-fluechtlingshilfe.de/informieren/aktuelles/news/uebersicht/detail/artikel/unhcr-bericht-jeden-tag-6-tote-im-mittelmeer/

76 Vgl. www.welt.de/politik/deutschland/article179198420/Nach-Kritik-Soeder-will-Begriff-Asyltourismus-nicht-mehr-verwenden.html

77 Vgl. die Begründung der Jury zum »Unwort des Jahres«: www.unwortdesjahres.net/fileadmin/unwort/Pressemitteilungen/pressemitteilung_unwort2018.pdf

78 Ebd.

79 Vgl. bpb.de/politik/hintergrund-aktuell/160780/asylkompromiss-24-05-2013

80 Vgl. Populismus-Offensive: Union macht auf Sarrazin: www.spiegel.de/politik/deutschland/populismus-offensive-union-macht-auf-sarrazin-a-750066.html

81 Vgl. zur Kritik an Andreas Scheuer aus der eigenen Partei: www.spiegel.de/politik/deutschland/csu-general-scheuer-kritik-auch-aus-der-eigenen-partei-a-1112999.html
82 Vgl. www.zeit.de/politik/ausland/2018-07/fluechtlinge-horst-seehofer-kabul-abschiebung-selbstmord
83 Vgl. daserste.ndr.de/panorama/archiv/2018/Seehofers-69-Afghanen-keineswegs-nur-Kriminelle,abschiebung824.html
84 https://www.youtube.com/watch?v=Eig_EHMi6q0
85 Vgl. www.sueddeutsche.de/politik/chemnitz-hetzjagd-video-1.4120396
86 Vgl. zur Rolle Hans-Georg Maaßens und der Rekonstruktion rechtsextremer Mobilisierung und rechter Gewalt in »Lehren aus Chemnitz«: journalist, Oktober 2018, Seite 20 ff.
87 Vgl. »Konservatives Manifest« der Werteunion: werteunion.net/wp-content/uploads/2018/04/WerteUnion-Manifest.pdf
88 Vgl. www.youtube.com/watch?v=aQOcZOWFDOI
89 Vgl. www.zeit.de/2020/35/bjoern-hoecke-mdr-interview-umgang-afd-politiker/komplettansicht?print
90 Vgl. www.rbb24.de/politik/beitrag/2020/07/brandenburg-sommerinterview-kalbitz-afd.html
91 Vgl. www.mdr.de/video/mdr-plus-videos/video-439824.html
92 Vgl. www.djv.de/startseite/service/news-kalender/detail/aktuelles/news-grenze-ueberschritten